Mit Herzblut

Ernst Wyrsch

Mit Herzblut

Vom Gastgeber zum Glücksbringer

Aufgezeichnet von Franziska K. Müller

WÖRTERSEH

Lektorat: Claudia Bislin, Zürich
Juristisches Lektorat: Dr. Georg Gremmelspacher, Rechtsanwalt, Basel
Korrektorat: Andrea Leuthold, Zürich
Umschlaggestaltung: Thomas Jarzina, Holzkirchen
Foto Umschlag vorne: Marcel Studer, Zürich
Fotos Umschlag hinten: Marcel Giger, Davos
(Ernst Wyrsch mit Bill Clinton, Muhammad Ali und Sylvia Wyrsch, Angela Merkel, Paulo Coelho, Condoleezza Rice, Kofi Annan – im Uhrzeigersinn)
Layout, Satz und herstellerische Betreuung:
Rolf Schöner, Buchherstellung, Aarau
Druck und Bindung: CPI – Ebner & Spiegel, Ulm

Print ISBN 978-3-03763-026-6
E-Book ISBN 978-3-03763-533-9

www.woerterseh.ch

MIX
Papier aus verantwortungsvollen Quellen
FSC® C006701

Für Sylvia, Sandro und Jessi

»Es gibt keinen Weg zum Glück –
Glücklichsein ist der Weg«
Siddharta Gautama

Inhalt

Vorwort

November 1998 – mein erster Arbeitstag im Steigenberger Grandhotel Belvédère in Davos – und die Begegnung mit meinem neuen Vorgesetzten: ein Mensch Mitte dreißig, ein Schulbubengesicht, umrahmt von lockigen Haaren, steht er im Freien vor dem breiten Hoteleingang, sieht überhaupt nicht aus wie ein Generaldirektor. Der Schein trügt, die Zukunft hat mir das bewiesen. Ernst Wyrsch. Wie ein Blitz schlug er ein, ein Blitz, der mein zukünftiges Leben veränderte. Zwei Minuten später rettete ich ihm das Leben. In seinen hübschen Schuhen mit den glatten Ledersohlen rutschte er aus und flog über die vereiste Außentreppe, ich reagierte sofort, und er, er landete in meinen Armen. Meinem Instinkt als Bergführer war es wohl zu verdanken, dass ich ihn auffangen konnte und er sich nicht das Genick brach.

Das war der Beginn einer Freundschaft. Damals ahnte ich nicht, dass aus den geplanten vier Monaten im Grandhotel vierzehn Jahre werden sollten. Nicht weil das »Belvédère« das schönste Hotel ist, nein, nein, es gibt schönere. Aber – es gibt nur einen Ernst – »Aschi« – Wyrsch. In den vielen Jahren teilten wir Arbeit und Sorgen und verbrachten auch die Freizeit oft miteinander. Ich fand nicht nur einen tollen Chef, sondern vor allem einen gradlinigen und aufrichtigen Menschen. Seine direkte Art wurde von einigen als heftig empfunden, und manchmal steckte in seinem Samthandschuh eine eiserne Faust. Neinsager hasste er, halb leere Gläser gab es bei ihm nie. »Ich kann nicht«, »Ich weiß nicht« hatte er aus seinem Wortschatz und demjenigen seiner Mitarbeiter gestrichen. Sein Slogan lautete: »Wir machen Unmögliches möglich«. Furchtlosigkeit zeichnete ihn aus: Welcher Neuling aus dem Unterland übernimmt schon ein HC-Davos-Präsidium? Wer revolutionierte den Davoser Sommer mit seinen Wander-, Jazz- und Golfwochen, wer machte aus einem maroden Betrieb eines der besten, wenn nicht das beste Ferienhotel der Schweiz? Und wer kann Mitarbeiter motivieren, die schon zweiundzwanzig Stunden auf den Beinen stehen? Aschi!

Einen Menschen wie Ernst Wyrsch in allen Facetten beschreiben zu wollen, ist beinahe unmöglich und vielleicht auch unnötig. Nur so viel: Was mühelos aussieht, ist hart angeeignete Selbstdisziplin, mit schwer durchlebten Stunden, mit Hochs und Tiefs, wie es sie in jedem anderen Leben auch gibt. Was er mir und anderen Weggefährten vermittelt hat, ist positives Denken, die Sicherheit, dass man gesteckte Ziele mit eisernem Willen erreichen kann, und: den Glauben an sich selbst.

Ein Freund, ein Mensch, ein Chef im wahrsten Sinne des Wortes.

Hans Escher, Arosa, im Juli 2012

Vom Gastgeber …

Eiliger Abschied

Es ist ein überstürzter Abschied; von einem Leben und jenen Menschen, die mir fünfzehn Jahre lang alles bedeutet haben. Hans umarmt mich. Ich blicke dem Chef-Concierge in die Augen und sehe eine Träne. Seit ich die Leitung des Steigenberger Grandhotels Belvédère in Davos übernommen hatte, begleitete mich der zweiundsechzigjährige Walliser durch einen aufregenden Alltag. Von drahtiger Statur, der blonde Haarschopf gelichtet, das Gesicht von Wind und Wetter gegerbt, trägt mein Freund auch heute die makellose Dienstuniform mit den winzigen goldenen Schlüsseln am Revers: Es sind die Abzeichen eines stolzen Berufsstandes.

Während meine hundertzwanzigköpfige Crew dauernd in Bewegung ist, um die reibungslosen Abläufe im Grandhotel zu garantieren, nimmt Hans in seiner Loge aus lackiertem Arvenholz die Gäste in Empfang. Immer anwesend und ansprechbar, weiß er genau, wann seine Teilnahme am Glück oder am Unglück erwünscht ist, und während sich andere in Problemen verlieren, stellt Hans als aufmerksamer Zuhörer nur wenige Fragen, die bereits eine pragmatische Lösung andeuten. Kleine und große, extravagante und rätselhafte Wünsche erfüllt er im Verlauf seiner Berufskarriere tausendmal. Egal, ob ein Hotelgast in Jahrgangschampagner baden will, jemand nur einschlafen kann, wenn echte Kunstwerke eines bestimmten Malers im Wert von einigen hunderttausend Franken an den Wänden hängen, ein vergessen gegangenes Parfüm aus Paris eingeflogen werden muss oder ein Gast ausschließlich Lebensmittel in der Farbe Grün isst: Sobald »Monsieur le Concierge«, wie ihn manche ehrfürchtig nennen, seine Kontakte spielen lässt, sind solche Anliegen innert weniger Minuten organisiert.

Seine Geduld hat durchaus Grenzen. Erscheint ihm ein Verhalten zu kapriziös oder widerspricht es seinem Moralkodex, erklärt er in einem Tonfall, der keine Widerrede zulässt: »Das geht so nicht.« Hans Escher begegnet dem Bauarbeiter und der Putzfrau mit dem gleichen Respekt und derselben Autorität wie einem Fürsten oder einem Präsidenten. Als Bergführer leitet er auch Wandertouren mit prominenten Gästen, und wenn ihm eine Prinzessin die Skier entgegenhält, damit Hans diese tragen möge, antwortet er, ohne eine Miene zu verziehen: »In den Bergen transportieren nur behinderte Menschen ihre Sportausrüstung nicht selber.« Wie kein Zweiter verkörpert Hans auch meine Philosophie: Dass man sich von Äußerlichkeiten nicht blenden lassen soll und dass so altmodische Werte wie Authentizität und Vertrauen in andere Menschen wichtigere Faktoren auf dem Weg zum Erfolg sind, als manche denken mögen.

Hans' Charisma liegt in der Kombination von Ernsthaftigkeit und Optimismus, von Selbstbewusstsein und ehrlichem Interesse für Menschen und ihre Bedürfnisse. Seine Unbestechlichkeit und Loyalität schätzen die Mächtigen und Reichen ebenso wie manches unbekannte Sorgenkind, das ihm morgens um vier Uhr das Herz ausschüttet. Hans bringt uns

Hunderte von wiederkehrenden Stammgästen und erhält pro Jahr mindestens zehn ernst gemeinte Heiratsanträge von weiblichen Gästen. Mein Freund verfügt über eine so attraktive Persönlichkeit, dass ich ihn im Scherz auch schon »Menschenfänger« nannte. Es steckt keine kalkulierte Absicht dahinter. »Ich bin einfach so, wie ich bin«, pflegt er auf die Frage nach seinem Erfolgsgeheimnis zu antworten. Auch die Männer finden ihn toll. Letzten Sommer legte er ein geprägtes Schriftstück auf den Tisch. »Von Nicolas Sarkozy«, informierte er mich, nicht sonderlich beeindruckt. Es handelte sich um eine private Einladung. Hans begeisterte den französischen Exstaatspräsidenten, als dieser dem sperrigen Bergler vor vielen Jahren zum ersten Mal begegnete. Sarkozy war ein unbekannter Minister, der zu nächtlicher Stunde gern für einen Schwatz beim perfekt französisch parlierenden Hans auftauchte. »Damals kopierten wir ohne Bodyguards zusammen die Protokolle«, erinnert sich Hans wehmütig an diese informellen Zusammentreffen, um im gleichen Atemzug zu erwähnen, dass sich zu seiner Freude auch die »schöne Christine« wieder bei ihm gemeldet habe. Ebenfalls ein Gast aus frühen Zeiten, hält Christine Lagarde, »die mächtigste Frau der Welt«, wie ein deutsches Magazin die IWF-Chefin kürzlich nannte, dem »Belvédère« – oder viel eher Hans? – die Treue.

Hans, aber auch meine anderen Mitarbeiter werden mir fehlen. Obwohl mein Abgang von langer Hand vorbereitet war, überschlugen sich die Ereignisse in den vergangenen Stunden. Der Wille, nach vielen erfolgreichen Jahren als Hotelier zu neuen Ufern aufzubrechen, hat verschiedene Gründe. Mit zunehmendem Alter scheint es mir unmöglich, weiterhin in der Komfortzone eines hochrentablen und geliebten Unternehmens zu verharren, das mir langfristig keine neuen Erlebnisse, keine Herausforderungen, keine Voraussetzungen für mein Bedürfnis nach einem anderen Glück bieten kann. Der wunderbare, glamouröse und leichtlebige Kosmos des Grandhotels war mein ganzer Lebensinhalt, und doch entwickelte ich mich als Persönlichkeit weiter, befinde mich heute in der sogenannten Mitte des Lebens, interessiere mich mit zunehmender Passion für andere Themen als in jungen Jahren.

Man soll gehen, wenn es am schönsten ist. Dieser Satz gefiel mir immer sehr gut und bedeutet für mich, dass ich mich ohne Furcht auf etwas Neues einlassen will, dessen Ausgang ungewiss ist. Im Rahmen von Seminaren, Coachings und meiner Dozententätigkeit an der Business School St. Gallen will ich meine Erfahrungen künftig jenen weitergeben, die auf der Suche nach einem gelingenden Leben sind. Grundsätzliche Überlegungen gehen also meiner Demission voraus, die ich der Steigenberger Gruppe im Januar 2011 unterbreite. Während einer neunmonatigen Übergangsfrist will ich meinen Nachfolger sorgfältig einarbeiten und alle nötigen Vorkehrungen für den Betrieb treffen, die mit meinem Weggang verbunden sind, und nicht unwichtig: Ich will die verbleibende Zeit nutzen können, um meine Zukunft in groben Zügen zu entwerfen und genauer zu planen.

Mit dem Tag meiner Kündigung verändert sich jedoch einiges, und die Eigendynamik dieses Prozesses zeigt mir, dass im Hintergrund schon länger dunkle Kräfte wirken, von denen ich – der selbsternannte Glücksritter – nichts ahne: In den vergangenen Jahren erarbeitete ich mir hinter den Kulissen des

Großkonzerns offenbar den Ruf eines renitenten Erfolgsmenschen, denn an den jährlichen Generaldirektorenmeetings in Frankfurt nehme ich nie ein Blatt vor den Mund. Fünfzehn Jahre lang thematisiere ich Missstände aller Art und melde so manchen Zweifel an neuen Führungsgrundsätzen an. Die Konzernleitung schluckt meine jeweils ungeniert vorgebrachte Kritik kommentarlos, ebenso mein Beharren auf Prinzipien, die den neuen Managern eines global denkenden Unternehmens suspekt sein müssen. Und oft spreche ich im Namen der weniger erfolgreichen Hoteldirektoren der Steigenberger Gruppe, die mich jeweils bitten, ihre Anliegen zu vertreten, da sie sich aus Furcht vor negativen Konsequenzen lieber im Hintergrund halten.

Vielleicht schmeichelt es meinem Selbstbewusstsein, auf jeden Fall scheinen alle zu wissen, dass sich die Konzernspitze meine Kritik – angesichts der unbestrittenen Erfolgsgeschichte des Grandhotels Belvédère – zumindest anhören muss: Den Umsatz konnten wir innert weniger Jahre von rund sieben Millionen auf sechzehn Millionen Franken steigern. Mit einem Return on Investment (ROI) führten wir zweimal Sanierungen im Gesamtwert von rund dreißig Millionen Franken durch und steckten danach jedes Jahr über eine Million Franken allein in die laufenden Unterhaltsarbeiten. Die finanziellen und ideellen Investitionen machten aus dem über hundertjährigen Komplex – der sich bei meiner Übernahme im Jahr 1996 in einem mehr als verlotterten Zustand befunden hatte – eines der exklusivsten Fünf-Sterne-Häuser der Schweizer Bergwelt. Während des World Economic Forum (WEF) dient das »Belvédère« als Zentrum des gesellschaftlichen Lebens, vor allem aber als Unterkunft für die wichtigsten Persönlichkeiten aus Politik, Wirtschaft und Kultur, die jeweils Anfang Jahr in Davos eintreffen, um im Rahmen des Wirtschaftsforums über die sogenannt dringlichsten Fragen der Welt zu beraten. Botschaften, Länder-Delegationen, Handelskammern sowie wichtige Werbepartner veranstalten für die handverlesenen VIPs zudem Hunderte von rauschenden Partys, die außerhalb des gut geschützten Kongresshauses stattfinden und ebenfalls von uns organisiert werden.

Ich kündige nicht wegen Meinungsverschiedenheiten mit dem Konzern, obwohl ein eisiger Wind durch die Teppichetagen weht, seit die Familie Steigenberger, mit der mich nach wie vor ein freundschaftliches Verhältnis verbindet, die Betriebsrechte 2009 an eine ägyptische Gruppe verkauft hat. Seither müssen die Führungskräfte nach einem global funktionierenden Konzept spätestens nach drei Jahren ausgewechselt werden. Auch enge Strukturen, die keinen Freiraum für persönliche Wünsche und Entwicklungsmöglichkeiten lassen, lehne ich ab – nicht nur für mich, sondern auch für meine über hundertköpfige Crew.

Ich sehe mich als Anti-Konzern-Menschen und fordere Individualität und Freiheit, denn sie bringt unter dem Strich die besten Resultate und die größten Erfolge. Den Mitarbeitern, so meine Erkenntnis, kann man grundsätzlich vertrauen, vorausgesetzt, sie erfahren Anerkennung. Enttäuscht wurde ich nur ganz selten. Die Zufriedenheit am Arbeitsplatz hängt maßgeblich mit der Autonomie jedes Einzelnen, aber auch mit seiner Wertschätzung durch den Arbeitgeber zusammen. Man kann nicht alle Mitarbeiter über denselben Kamm scheren, weil es verschiedene Wertvorstellungen, Stärken und Schwächen gibt, die berücksichtigt werden müssen, will man das volle Leistungspotenzial ausschöpfen. Die Gestaltung der Aufgaben nach individuellen Vorlieben und Abneigungen, die sogenannte werteorientierte Führung, ist nur in den Anfängen zeitraubend, danach bringt jeder Einzelne seine Höchstleistung mit dem Resultat, dass ich mein Team verkleinern kann, obwohl sich der Hotelbetrieb unter meiner Führung massiv vergrößert. Bei uns arbeitet zum Beispiel ein Tellerwäscher, der technisch dermaßen versiert ist, dass er sich in eine entsprechende Kaderposition hochgearbeitet hat, den Vormittag aber immer noch in der Küche verbringt.

Dieses Beispiel ist kein Einzelfall, und wenn wir für die Hotelgäste ein Jazzkonzert oder andere Attraktionen organisieren, gibt es für die Mitarbeiter und ihre Familien am Abend zuvor eine Sondervorstellung. Wellnessanlagen, Restaurants und Barbetriebe stehen meinen Mitarbeitern in der Freizeit immer offen – in anderen Hotels sind diese Orte für die Angestellten tabu. Ich sehe nicht ein, wieso meine Leute nicht gut genug sein sollten, um die Infrastruktur eines Fünf-Sterne-Hauses zu nutzen, das ohne ihre Arbeit nicht funktionieren würde. Vielen Mitarbeitern fühle ich mich freundschaftlich verbunden, meine Leute arbeiten, wenn es sein muss, zwanzig Stunden pro Tag und gehen für den Betrieb durchs Feuer. Dass ich sie gut bezahle und sie Freiheiten genießen, versteht sich von selbst. Austauschbar zu sein und nach strikten Vorgaben zu arbeiten, ist mir seit je unsympathisch.

Ich halte es auch für eine miserable Idee, die individuellen Stärken eines Betriebs zugunsten von starren Richtlinien zu verändern, die in Luxor und in Davos gleichermaßen gelten müssen. Die Eigenständigkeit und die für einen Hotelbetrieb wichtige Authentizität gehen so zwangsläufig verloren, denn was als Konzept für diverse Flughafenhotels funktionieren mag, eignet sich für ein regional verankertes Berghotel nicht a priori. So predige ich es an den Generaldirektorenkonferenzen und frage jedes Mal: »Geht man lieber zu Menschen oder zu Konzepten in die Ferien?« Von den ungeliebten Neuerungen und Veränderungen, mit denen vor allem jene Hoteliers der Gruppe zu kämpfen haben, die mich mit meinem Einverständnis jahrelang für ihre Zwecke einspannen, bekommen wir in Davos nicht viel mit. Weil wir das beste Pferd im Stall sind, kann ich jeweils mit Fug und Recht darauf bestehen, so weiterzumachen wie bisher. Wie einst meine Mutter aus ihrem Landgasthof in Dottikon eine Marke gemacht hat, geben mein Team und ich dem Grandhotel eine Identität. Es klingt frech: Aber das »Belvédère« wurde erst als Wyrsch-Hotel zu einer Erfolgsstory.

Mit meiner Kündigung schlage ich der Konzernleitung einen möglichen Nachfolger aus meinem Team vor. Mein Vertrag soll noch bis Oktober 2011 laufen. Ich bitte um eine baldige Entscheidung, damit ich meine Leute informieren kann. Nach einigen Wochen frage ich in Frankfurt nach, man lässt mich wissen, eine sechsköpfige Delegation werde übermorgen anreisen. Dem überraschenden Treffen sehe ich mit Spannung und Freude entgegen. Allerdings wächst auch meine Unruhe, denn in Vorbereitung meiner baldigen freiberuflichen Tätigkeit habe ich mich für einen ersten Auftrag in Deutschland verpflichtet, den ich unmöglich absagen kann. Spätestens am

Nachmittag des gleichen Tages müsste ich aufbrechen, will ich mein Reiseziel rechtzeitig erreichen. In Davos angekommen, informiert mich die Delegation, dass die Nachfolge noch nicht geklärt sei. Etwas anderes wisse man aber bereits jetzt, und zwar mit absoluter Sicherheit: Die Ära Wyrsch sei endgültig vorbei. Künftig werde alles über Frankfurt laufen.

Konkret bedeutet dies, dass mein Nachfolger in seiner Entscheidungsfreiheit eingeschränkt wird und die Zentrale in Deutschland sogar sämtliche Mitarbeiter einstellt. Die Festlegung der saisonalen Öffnungszeiten und die Preisgestaltung durch den Hotelier fallen dem neuen Plan zum Opfer, ebenso müssen fortan auch kleinste finanzielle Ausgaben abgesegnet werden, von Menschen, die Hunderte von Kilometern weit entfernt in Großraumbüros sitzen und unseren Hotelbetrieb überhaupt nicht kennen. Bisher genossen wir finanzielle Freiheiten – damit soll Schluss sein, was der Tod jener Ideen ist, die unseren Betrieb beflügeln und erfolgreich machen. Entscheide, die ich im Verlauf des Jahres hundertmal treffe, unbürokratisch, damit sie ohne Verzögerung umgesetzt werden können, sollen nun von verschiedenen Stellen geprüft und gutgeheißen werden. Der Hotelmanager – so wird angedeutet – kann neu aus Haiti oder China stammen. Solange sich diese Person den internen Richtlinien fügt, muss sie offenbar auch nicht wissen, wie der Tourismusdirektor von Davos heißt oder wie ein Käsefondue zubereitet wird.

Ich frage: »Wieso wirft man ein Erfolgsrezept weg, obwohl es perfekt funktioniert?« Die Antwort lautet: »Weil Sie den Betrieb führen, wie wenn es Ihr eigener wäre.« Was man als Kompliment verstehen könnte, ist natürlich keines. Mein Einsatz und die Identifikation mit dem Haus, die starke regionale Verbundenheit, mein breites Networking mit den Wirtschaftsvertretern und den Menschen von Davos hätten zu Abhängigkeiten geführt, die es in einem Großkonzern nicht geben dürfe, bescheren mir die sechs Männer aus Frankfurt mit todernsten Mienen. Ihre Absicht ist schnell durchschaut: In den verbleibenden Monaten soll ich meinem Nachfolger all jene Neuerungen aufdrängen, die sich niemals mit meiner Philosophie vereinbaren lassen. Dieses Ansinnen lehne ich kategorisch ab und bitte Minuten später um die sofortige Freistellung. Nach langen Diskussionen und nachdem sich die Delegation mehrmals zurückgezogen hat, wird mein Begehren Stunden später akzeptiert. Es schließt meine Frau Sylvia mit ein, die als Kodirektorin ebenfalls zentrale Funktionen bekleidet.

Die Konsequenzen meiner raschen Entscheidung, die mich, zumindest vorübergehend, in die Leere stoßen könnten, sorgen mich in der Hitze des Gefechts nicht. Etwas anderes schon. Zwischen den einzelnen und endlos scheinenden Sitzungen blicke ich mit zunehmender Nervosität auf die Uhr: Da das ganze Prozedere viel mehr Zeit beansprucht als gedacht, laufe ich Gefahr, meinen ersten Auftrag als selbständiger Coach zu vermasseln. Als sich die Delegation endlich verabschiedet, bleibt nicht einmal genügend Zeit, um alle Mitarbeiter über meinen sofortigen Weggang zu informieren oder mein Büro in Ruhe zu ordnen und zu packen. Hans verstaut eilig Erinnerungen und Geschenke in einen Umzugskarton, den er auf den Beifahrersitz meines Wagens stellt: Kristall-Aschenbecher, ein gravierter silberner Brieföffner, Champagnerflaschen mit den dazugehörigen Karten und Briefen, die am Anfang der Bekanntschaft mit »The President of the United States« unterschrieben waren, und als sich unsere Sympathie vertiefte, mit: »Yours, Bill Clinton«. Viele Tage später packe ich den Karton aus. In Zeitungspapier gewickelt, liegen zuunterst auch jene gerahmten Erinnerungen, die jahrelang auf meinem Pult im Grandhotel standen. Familienfotos, aber auch Bilder von Persönlichkeiten, die ich im Rahmen des Weltwirtschaftsforums traf: Kofi Annan, Tony Blair, Nelson Mandela, Sharon Stone, Richard Gere, Angela Merkel, Gordon Brown, Bischof Tutu und Bill Gates.

Weniger wollen

Als ich an diesem eisig kalten Vorfrühlingstag im März 2011 die prachtvolle Auffahrt des Grandhotels verlasse – ziemlich überstürzt einem neuen Leben entgegen –, blicke ich in den Rückspiegel und hupe dreimal kurz: Eilig zusammengetrommelte Mitarbeiter stehen winkend vor dem Eingang, zuvorderst hat sich Hans postiert, majestätisch hebt er die Hand zum Gruß. Dahinter sehe ich »mein« Hotel, das ich fünfzehn Jahre lang mit Herzblut geführt habe und das mir so unendlich viel bedeutete. Das über hundertjährige, schneeweiß gestrichene Gebäude mit dem angefügten Kuppelbau erhebt sich wie ein Märchenschloss, Schnee überzieht sein Dach mit Glitzerstaub. Es ist ein magischer Moment, ein Abschied für immer, und ich würde lügen, wenn ich behauptete, mein Herz habe in diesem Moment nicht geschmerzt. Gleichzeitig muss ich mich auf das Nächstliegende konzentrieren, zu Hause den bereits gepackten Koffer abholen, um die sofortige Weiterreise anzutreten. Mein Handy klingelt. Es ist Sylvia, die über den Verlauf der – wie sie findet – durch mich provozierten Aktion wenig begeistert ist. Genau gesagt, ist sie sehr aufgeregt und gleichzeitig am Boden zerstört. Ich versuche sie zu trösten: »Immerhin müssen wir nicht unter einer Brücke campieren, Schatz.« Der Scherz findet nur mäßig Anklang. Hätten wir unsere Generaldirektoren-Suite im »Belvédère«, die wir mit den Kindern lange Zeit bewohnten, nicht bereits vor Jahren geräumt, müssten wir nun auch sofort eine neue Bleibe suchen.

Riesige Schneemassen türmen sich zu beiden Seiten der schmalen Zufahrtsstraße, die zu unserem Chalet führt. Es dämmert bereits. Das Haus ist mit hellem Holz verkleidet, verfügt über unzählige Zimmer, die sich über mehrere Stockwerke verteilen, und die riesige Fensterfront mit der Terrasse gibt eine prachtvolle Aussicht ins Tal frei. Mein Zuhause. Allzu oft nahm ich es in den vergangenen Jahren nicht bewusst wahr. Wo sich in Davos der Coop befindet, weiß ich nicht. Metzgerei oder Bäckerei sah ich ebenfalls noch nie von innen. Meine und Sylvias Kochkünste erwiesen sich glücklicherweise als überflüssig, gegessen wurde im Hotel, und andere Haushaltspflichten nahm man uns ebenfalls ab. Als ich über den Rucksack meiner Tochter Jessi stolpere, ahne ich: Die kommenden Monate halten persönliche Herausforderungen bereit, wir werden uns aber auch vermehrt mit den praktischen Aufgaben auseinandersetzen müssen, die ein neuer Alltag mit sich bringt.

Bald fliegt die Dunkelheit an mir vorbei, die Fahrbahn ist regennass. Joe Cocker singt »Leave a Light On«. Der vergangene Tag zieht in Bildern an mir vorbei: Wie sich Sylvia am Morgen schminkt, sich sorgfältig kleidet, in die roten Schuhe mit den hohen Absätzen schlüpft. Nicht ahnend, was auf sie zukommt. Die ernsten Gesichter. Mein Widerstand. Weinende Mitarbeiter. Hans. Ist das Beharren auf meinen Prinzipien und der sofortigen Freistellung egoistisch? Lasse ich mein Team im Stich? Was mögen die Davoser und Davoserinnen denken: Sind sie enttäuscht von mir? Mein Handy summt und brummt, ich lasse es läuten und stelle es schließlich ganz ab. Fragen, die ich beantwortet glaubte, als ich die Entscheidung fällte, dass ich die berufliche Veränderung wagen will, beschäftigen mich erneut. Denn nun vollzieht sich der Sprung in die Ungewissheit viel schneller als geplant.

Die nächsten fünf Tage bin ich in Stuttgart mit der Analyse sämtlicher Dienstleistungsabläufe einer Seniorenresidenz beschäftigt, wie es danach konkret weitergeht, weiß ich nicht. Die vergangenen Jahre stand ich mehrheitlich im Rampenlicht, arbeitete oft sieben Tage pro Woche. Jahrzehntelang verstand ich mich als Leader, genoss es, im Mittelpunkt zu stehen, hatte Macht, wurde umschwärmt. Werde ich in der Versenkung verschwinden? Kann ich mit der plötzlichen Ruhe und der Zeit umgehen und allenfalls mit der Bedeutungslosigkeit? Werde ich mich auf hohem Niveau in den neuen Aufgaben profilieren können? Wird der Wechsel von der operationellen auf die strategische Ebene – die Wissensvermittlung über Coachings und öffentliche Referate – gelingen? Und welche Zukunft liegt vor dem Grandhotel?

Was ich zu diesem Zeitpunkt nicht weiß: In den folgenden Monaten kündigt beinahe das gesamte Kader, der Umsatz des »Belvédère« verringert sich rasant. Und jene Konzernmitglieder, die ich in den vergangenen fünfzehn Jahren immer wieder kritisierte, nutzen bald die Gunst der Stunde und erhalten zu meinem Erstaunen Schützenhilfe von den Kollegen, die mich einst zu ihrem Sprachrohr machten. Die Desavouierungskampagne zielt darauf ab, meinem Ruf zu schaden. Als man mich wehrlos glaubt, fällt man mir in den Rücken, was eine alte Vermutung nur bestätigt: Die härteste Konkurrenz und die schlimmsten Feinde liegen nicht außerhalb, sondern innerhalb der Konzerne auf der Lauer.

Bei meiner Rückkehr aus Stuttgart erfahre ich von Hans, dass in Davos viel Klatsch und Tratsch und einige Gerüchte kursieren würden, was in meiner Abwesenheit zu einem großen Artikel in der »Davoser Zeitung« geführt habe: »›Belvédère‹-Direktor musste vorzeitig seinen Tisch räumen«, liest mir Hans am Telefon den Titel vor, verschont mich aber mit dem weiteren Inhalt, der Ungereimtheiten zu meinem schnellen Abgang andeutet. In der Zwischenzeit sind meine ehemaligen Mitarbeiter mit der Organisation einer großen Abschiedsparty beschäftigt, die in einigen Tagen im »Belvédère« stattfinden soll.

Der negative Wirbel um meine Person lässt mich nicht kalt, aber nach dem intensiven Kontakt mit den tapferen Senioren in Stuttgart – sie verbinden mit dem Begriff »Abschied« etwas anderes als ein angekratztes Ego und eine Party mit Champagner – betrachte ich die Ereignisse rund um meinen Weggang bereits mit einem emotionalen Sicherheitsabstand. Es gab in meinem Leben andere Brüche, und stets befasste ich mich mit ihnen, jedoch ohne in ausgeprägten Leidensphasen zu verharren. Man mag diese Haltung als oberflächlich kritisieren oder die gut funktionierende Selbstmotivation als Geschenk des Schicksals betrachten, das der eine in die Wiege gelegt bekommt und der andere nicht. Ich bin der Meinung, dass wir durchaus in der Lage sind, selbst zu bestimmen, ob wir pessimistisch oder optimistisch durchs Leben gehen wollen. Wie wir denken, ist ausschlaggebend, die Gedanken beeinflussen unsere Gefühle und unser Handeln. Mein Umgang mit dem

Glück lehrt mich später, auch das Unglück genauer zu betrachten. Von krampfhaftem Optimismus halte ich nichts, doch heute denke ich: Vorausgesetzt, man leidet nicht an einer psychischen oder physischen Erkrankung, sollte der Einzelne sein Unglück nach einer gewissen Zeit bewusst in die Schranken weisen. Wenn man sich nachhaltig schlecht fühlt, leidet zwangsläufig das Selbstwertgefühl. Das ist nicht per se schlecht, hält die Menschen aber davon ab, Neues und Gutes erleben zu wollen.

Die Erlebnisse in Stuttgart haben den positiven Nebeneffekt, dass ich mich beinahe versöhnt fühle, und wenn ich daran denke, dass man mir nach fünfzehn erfolgreichen Berufsjahren das Messer an den Hals gesetzt und Unmögliches verlangt hat, was zu einem Eklat führen musste, empfinde ich keine Bitterkeit. Im Gegenteil. Hätte ich sonst die Gelegenheit, mich mitten am Nachmittag ohne jegliche Verpflichtungen und in friedlicher Stimmung auf einem Liegestuhl auszuruhen? Das Leben ist schön! Die Sonne scheint mir heiß ins Gesicht, auf dem Tisch steht ein Glas Weißwein, daneben liegt ein Buch zu den neusten Erkenntnissen aus der wissenschaftlichen Glücksforschung. Es ist eine Thematik, die mich seit Jahren beschäftigt. Manche nennen es Glück, ich spreche lieber vom Vermögen, Veränderungswünsche zu erkennen und dann jene oft winzigen Schritte anzuregen, die zu einer vertieften Zufriedenheit beitragen können. Schnell anwendbare Formeln für Reichtum, Erfolg, Liebesglück, innere Ruhe, Ausgeglichenheit, ein gutes Selbstbewusstsein – sprich mehr Glück im Leben – ignorieren meiner Meinung nach fast immer einen simplen Grundsatz: Es ist einfacher gesagt als getan und geht weniger schnell, als man denkt. Tipps und Tricks können eine oberflächliche Verbesserung der Lebensqualität bewirken, aber mit der individuellen Problematik haben sie meist wenig zu tun.

In meiner Zeit als Hotelier führte ich Hunderte von ausführlichen Gesprächen mit Gästen, viele glücklich, manche nicht. Jenen, denen es trotz vielerlei Privilegien wie Erfolg, Schönheit und Reichtum an Zufriedenheit mangelt, nicht aufgrund eines spontanen Ärgers oder einer missglückten Investition, sondern weil in ihrer Wahrnehmung Grundsätzliches nicht stimmt, können oft keine näheren Angaben zu ihrem Unglück machen. Das Fehlen von Glück wird als diffuse Missstimmung wahrgenommen. Heute weiß ich: Das vertiefte Appellieren an das Glück ist immer ein Infragestellen jener Umstände, die es scheinbar verhindern. Will man die Zufriedenheit nachhaltig verbessern, kommt man nicht umhin, Zeit zu investieren, um jene unbequemen Fragen zu formulieren, deren Beantwortung Licht ins Dunkel der eigenen Befindlichkeit bringen können.

Meine Gedanken werden unterbrochen, das Summen des iPhone kündigt eine Textmessage von Hans an: »B.C. hat sich gemeldet, er will wissen, wo er dich erreichen kann.« »Im Liegestuhl zu Hause«, antworte ich postwendend und schicke ein Smiley hinterher. Bereits werde ich von netten Briefen und E-Mails überrascht, die mir ehemalige Gäste und Mitarbeiter zukommen lassen, Menschen, mit denen ich jahrzehntelang zusammengearbeitet habe – vom Käselieferanten bis zum Tourismusdirektor von Davos. Sie bedauern meinen Weggang, hoffen auf ein Wiedersehen, wünschen mir das Beste.

Dass »B. C.« – Bill Clinton – ein Lebenszeichen von sich gibt, freut mich besonders. Nicht aufgrund seiner Prominenz oder Wichtigkeit, sondern weil der Zeitpunkt so ausgezeichnet zu meinen Gedanken passt.

Während ich mir ein Glas Weißwein nachschenke, lasse ich andere Persönlichkeiten Revue passieren, denen ich im Rahmen des Weltwirtschaftsforums begegnet bin und die ich in meiner Rolle als Gastgeber ein kurzes und manchmal ein längeres Stück begleiten durfte: Staatsmänner, Wirtschaftsführer, Prinzessinnen, Hollywood-Prominenz und Popstars. Menschen, die, wo immer sie auftauchen, im strahlenden Mittelpunkt stehen, hofiert und umsorgt, belagert und manchmal belästigt. Denen man jeden Wunsch von den Augen abliest. Denen man nur das Beste bieten will. Denen Zuspruch und kritiklose Zustimmung gewiss sind. Ich lernte Menschen kennen, die der Erfolg und die Gewissheit, in der einen oder anderen Form privilegiert zu sein, überheblich machte, im schlimmeren Fall jedoch kalt und misstrauisch. In schlechten Erfahrungen verharrend, lassen manche den negativen Gefühlen freien Lauf, benehmen sich selbstgerecht und arrogant.

Die Optimisten hingegen genießen die vorbehaltlose Zuneigung der anderen und das Bad in der Menge, sie sind zugänglich, ansprechbar, herzlich. Es sind jene Menschen, die erfahrungsgemäß mehr zu bieten haben als den ausschließlichen Willen zur uneingeschränkten Macht, und Bill Clinton gehört eindeutig zu ihnen.

Im Sommer 1999 – Bill Clintons zweite Amtszeit neigt sich dem Ende zu – kursiert in Davos das Gerücht, der amerikanische Präsident reise zum nächsten WEF an, was ganz Davos in helle Aufregung versetzt. Zu dieser Zeit führen meine Frau und ich das Grandhotel im dritten Jahr. Wir haben bereits Erfahrung im Umgang mit hochrangigen und vor allem als gefährdet eingestuften Gästen und wissen, dass ein präsidialer Aufenthalt akribisch geplant werden muss. Das Sicherheitskonzept steckt in meiner Anfangszeit noch in den Kinderschuhen, es herrschen geradezu romantische Bedingungen: Bodyguards treten nur vereinzelt auf. Weil keine Sicherheitszonen existieren, hat jedermann Zutritt zum Hotel. Waffen- oder Sprengstoffkontrollen hält man für überflüssig. Als Generaldirektor des Grandhotels bin ich für endgültige Entscheidungen im Sicherheitsbereich innerhalb des Hotels verantwortlich. Im Fall einer Bombendrohung habe ich zu entscheiden, ob der Riesenbetrieb evakuiert wird, und im Fall von spontan drohenden Gefahren muss ich Sofortmaßnahmen ergreifen.

Solche Szenarien bleiben jahrelang rein theoretischer Natur, weder die weltpolitische Lage noch andere beunruhigende Entwicklungen werden als unmittelbare Bedrohung eingeschätzt. Die topografische Lage des Kantons Graubünden inmitten einer unwegsamen alpinen Natur beurteilen die Sicherheitsexperten zudem als ideal. Die Vorstellung, dass sich feindliche Kräfte und Eindringlinge gewaltsam Zutritt verschaffen könnten, gilt als geradezu absurd. Das größte vorstellbare Konfliktpotenzial bergen allenfalls die Gäste selbst, und bei der Lösung dieser Probleme lassen wir hemdsärmligen Pragmatismus walten. Wenn Vertreter aus verschiedenen politischen Lagern und oft genug aus verfeindeten Nationen zeitgleich nach Davos reisen, setzt man die Parteien im Kongresszentrum einfach möglichst weit auseinander. Im Hotelbereich sind die Sicherheitsmaßnahmen ebenso simpel wie effizient. Kündigen sich beispielsweise Gäste aus Israel und gleichzeitig palästinensische Vertreter an, nächtigen sie einfach in verschiedenen Hotels. Diese Methode führt allerhöchstens zu pikierten Gemütern, denn wie alle wissen, kommen nur die als »A-Prominenz« eingestuften Persönlichkeiten im exklusivsten Haus unter, das gut sichtbar für alle leicht erhöht über Davos thront: im Grandhotel Belvédère.

Als ich informiert werde, der Präsident der Vereinigten Staaten von Amerika beehre möglicherweise unsere Stadt und vermutlich auch unser Haus, bin ich – gelinde ausgedrückt – begeistert. Meine Frau ist Amerikanerin, die Kinder besitzen amerikanische Pässe. Wir verbringen noch heute den Großteil der Ferien in den USA, lieben den American Way of Life, fühlen uns dieser Kultur verbunden. Das Zusammentreffen mit dem Präsidenten – dessen politische Karriere ich ebenso interessiert verfolge wie seine privaten Hochs und Tiefs – wird zu einem wichtigen Ereignis in meinem Leben, das ahne ich intuitiv. Schon einmal hofften wir auf einen Besuch von Bill Clinton und wurden enttäuscht, also versuche ich, meine Vorfreude und die Begeisterung meiner Familie etwas zu dämpfen.

Dann kündigt sich überraschend eine erste amerikanische Delegation an: Im Vorfeld hoher Besuche müssen sogenannte Bedürfnisabklärungen vor Ort gemacht werden. Ein üblicher Vorgang, doch diesmal ist auch die amerikanische Botschaft in Bern involviert, und in den kommenden Wochen beehren uns sieben verschiedene Delegationen, die jeweils rund zehn Personen umfassen, darunter der Secret Service, die »White House Press«, der Auslandsnachrichtendienst CIA. Sollte Bill

Clinton bei uns übernachten, wird er ein Ärzteteam und Pflegepersonal mitbringen, zudem Hunderte von Bediensteten, die wie gute Feen und Heinzelmännchen unsichtbar im Hintergrund tätig sind, darunter Kofferpacker, Ankleiderin und Büglerin, Coiffeuse, Masseure sowie eine komplette Küchendelegation inklusive Vorkoster. Die Funktion des Vorkosters ist besonders faszinierend, weil jedes Staatsoberhaupt auch im 21. Jahrhundert einen eigenen Testesser mitbringt. Der Brauch stammt aus dem alten Rom. Sklaven mussten von jenen Speisen und Getränken kosten, die den Herrschenden serviert wurden. Gab es Absichten, diese zu vergiften, traf es den Untertan und nicht seinen Herrn. An diesem Vorgehen hat sich nichts geändert, außer dass heute ein anwesendes Sanitätsteam dem Opfer zu Hilfe eilen könnte.

Die verschiedenen Delegationen überprüfen die sicherheitstechnischen Gegebenheiten im über dreitausend Quadratmeter großen Haus. Die aufwendige Informationsbeschaffung vor Ort ist auch deshalb notwendig, weil winzige Versäumnisse unangenehme Konsequenzen zur Folge haben können, die wiederum einen Rattenschwanz an Problemen hinter sich herziehen. Der Teufel liegt im Detail, das zeigt sich mehr als einmal, und nicht immer kann so spontan reagiert werden wie im Fall einer afrikanischen Delegation, die es versäumte, den anreisenden Regierungsvertretern Informationen zu den Wetterverhältnissen zu übermitteln, die im Januar in Davos herrschen. Über die eisigen Minustemperaturen offensichtlich ebenso wenig im Bild wie über den WEF-Dress-Code »europäisch«, reisen die Minister in wallenden Sommergewändern und Flip-Flops an. Gottlob sind wir für solche Notfälle gewappnet, und dazu gehört auch, dass Hans nicht nur über ein Sortiment feiner Kaschmirpullover und Mützen verfügt, die er ausleihen kann, sondern auch über eine Auswahl der neusten Hugo-Boss-Jacken in allen Größen.

Der intensive Kontakt mit den Vertretern der verschiedenen Länder-Delegationen ist faszinierend. Jene, die im Zentrum aller Bemühungen stehen, jedoch unsichtbar bleiben, glaubt man im Verlauf von Monaten zu kennen: Aufgrund von Vorlieben und Abneigungen, Befindlichkeiten und Eigenheiten, die man mir zuträgt, erhalten die noch nicht Anwesenden allmählich Konturen, und je länger die Vorbereitungen andauern, desto klarer glaubt man eine Persönlichkeit zu erahnen, vielleicht sogar zu verstehen. Anderes bleibt rätselhaft und nur schwer interpretierbar: zum Beispiel der Umstand, dass der argentinische Präsident nur in blauem Mobiliar nächtigen will, wofür wir eine Suite komplett ausräumen und neu einrichten müssen. Oder wieso Helmut Kohl, ein Mann von imposanter Statur, beinahe zwei Meter groß und bestimmt über hundert Kilogramm schwer, in seinem gut geheizten Zimmer drei zusätzliche Daunendecken, Wollplaids und ein halbes Dutzend Kissen benötigt.

In den unzähligen Gesprächen und Sitzungen mit den Vertrauten des amerikanischen Präsidenten erfahre ich im Verlauf der Zeit viel, aber nicht alles will ich hier verraten. Die Informationen über seinen Umgang mit der Familie, sein herzliches Verhältnis zu seiner Tochter Chelsea, die ihn begleiten wird, sind mir nicht völlig neu. Doch bald weiß ich auch, dass Bill Clinton maximal drei Stunden pro Nacht schläft und den Rest der Zeit arbeitenderweise verbringt, allerdings zur späten

Nachtstunde – genau wie Nicolas Sarkozy – durch das Hotel spazieren möchte, was eine zusätzliche sicherheitstechnische Herausforderung bedeutet. Kulinarisch mag er die amerikanische Küche, T-Bone-Steak, Burger und Pommes frites, einfache und bodenständige Speisen. Jedoch soll bei seiner Ankunft eine Zigarrensammlung dominikanischer Provenienz bereitliegen, ebenso wie einige Flaschen guten Weins. Wir erfahren, dass er Menschen liebt, ständig Kontakt mit ihnen sucht und auch für private Fotos posiert. Inoffiziell wird uns nahegelegt, ihn nicht allzu oft anzusprechen: Da er sich grundsätzlich in jedes Gespräch mit Menschen aus dem Volk verwickeln lasse, führe dies zu permanenten und leidigen Verspätungen bei offiziellen Terminen mit den hohen Vertretern aus Politik und Wirtschaft. Dieser Aspekt amüsiert mich und macht mich vollends zu einem Fan von Bill Clinton.

Auch im übrigen Davos sind Aufregung und Hektik spürbar, aber noch fehlt die Bestätigung, dass der hohe Besuch auch wirklich eintreffen wird. Die Anzeichen verdichten sich, als eine weitere Delegation des Präsidenten einige Wochen später die schönste Suite im »Belvédère« inspiziert. Die sicherheitstechnischen Abklärungen nehmen erneut mehrere Tage in Anspruch, und der schriftliche Bescheid ist niederschmetternd. Von der obersten Wohnung eines Nachbarhauses aus sei ein Anschlag auf den Präsidenten durch einen Scharfschützen – theoretisch – möglich. Aus diesem Grund müsse man von einem Aufenthalt im Grandhotel absehen.

Was in anderen Ländern möglich wäre, eine angeordnete Evakuierung der umliegenden Privathäuser, ist in der Schweiz keine Option, wie meine Abklärungen ergeben. So schnell will ich mich nicht geschlagen geben, also bespreche ich die Sache mit Sylvia und unterbreite ihr eine Idee. Zu diesem Zeitpunkt leben wir noch im »Belvédère«: Unser Zuhause ist exklusiver als die prachtvollste Gäste-Suite, die wir anzubieten haben. Zweihundertdreißig Quadratmeter groß, verfügt es über eine fantastische Aussicht und könnte sicherheitstechnisch ideal sein. Natürlich würde dies bedeuten, dass wir unser Penthouse in einer groß angelegten Aktion von allen persönlichen Gegenständen befreien und eine vorübergehende Bleibe mit den Kindern finden müssten, aber wie erhofft, stimmt meine Frau sofort zu. Erneut reisen Vertrauensleute des Präsidenten an, prüfen die neue Situation gründlich, und bereits eine Woche später liegt ein Schreiben des Weißen Hauses vor: In Anbetracht der präsentierten Lösung könne die Ankunft des Präsidenten nun mit Sicherheit erwartet werden.

Kindisch, aber wahr: Die Vorstellung, dass Bill Clinton auf unserem Sofa sitzen und in meinem Bett schlafen wird, freut mich diebisch. Jetzt bekommt auch die Presse Wind vom hohen Besuch, und bald fiebert die ganze Schweiz seiner Ankunft entgegen. Trotz Skandalen der Vergangenheit ist Bill Clinton für viele ein Sympathieträger, so auch für mich: Die Lewinsky-Affäre fügte ihm zwar persönlichen und politischen Schaden zu, und beim weltweit übertragenen Amtsenthebungsverfahren handelte es sich um eine Demütigung, die auch an einer selbstbewussten Persönlichkeit nicht spurlos vorbeigeht. Doch viele Menschen empfinden das hochgespielte Debakel auch als ungerecht und bewundern seine Entscheidung, keine überstürzten Konsequenzen zu ziehen, sondern sich der Verantwortung zu stellen, um weitermachen zu können.

In den Wochen, die verbleiben, sorgen nun abermals Hunderte von verschiedenen Menschen dafür, dass sein Aufenthalt regelkonform und absolut sicher verlaufen wird. Weil der Secret Service darauf besteht, eigene Waffen in unser Land einzuführen, die auf Mann getragen werden, muss die Bundespolizei im Vorfeld komplizierte Abklärungen vornehmen. Eine eigens eingerichtete Telefonzentrale garantiert, dass der Präsident abhörsicher telefonieren kann, riesige Blumenbouquets und andere Präsente, die wir als Willkommensgruß in der Wohnung platzieren, brauchen Spezialbewilligungen. Zigarrensammlung und Wein werden auf mögliche Sprengsätze untersucht, das auf Hochglanz polierte Penthouse von einem Bombenteam inspiziert und schließlich in einem aufwendigen Prozedere versiegelt. Fortan steht eine zwölfköpfige Sicherheitscrew vor unserer Wohnungstür. Was wir zu diesem Zeitpunkt nicht wissen: Ein uniformierter Offizier der CIA wird sich mit seinem Gepäck, dem sogenannten Atomkoffer, im Kinderzimmer unseres Sohnes niederlassen. Mit einer Sicherheitskette, die Arm und Koffer verbindet, folgt der besagte Offizier dem Präsidenten in den folgenden Tagen auf Schritt und Tritt, rund um die Uhr. Der Gedanke, dass von unserem Zuhause aus ein Atomkrieg ausgelöst werden könnte, ist gewöhnungsbedürftig.

Während die Schweizer Boulevardzeitung »Blick« der Ankunft von Bill Clinton jeden Tag einen Bericht und große Schlagzeilen widmet, sind auch die Davoser und Davoserinnen mit Vorbereitungen beschäftigt: Die Restaurants stellen amerikanisch inspirierte Menükarten zusammen, in den Auslagen der Bäckereien liegen pinkfarbene Donuts und zuckerbestäubte

Muffins, die ganze Stadt ist beflaggt und so festlich herausgeputzt wie nie. Sage und schreibe tausendfünfhundert Menschen begleiten das amerikanische Staatsoberhaupt schließlich in die Schweizer Berge, aber nur die dreißig wichtigsten Personen aus seinem Umfeld finden Unterkunft in unserem Haus. Der Rest seiner gigantischen Entourage ist in verschiedenen Hotels im ganzen Kanton Graubünden untergebracht, sogar die kleinsten und bescheidensten Pensionen sind hoffnungslos ausgebucht.

Dann endlich ist es so weit, und natürlich erinnere ich mich an diesen Tag, als wäre es gestern gewesen. Viele Details, die den genauen Zeitablauf von Clintons Anreise betreffen, sind »top secret«: Wir wissen lediglich, dass um die Mittagszeit verschiedene Maschinen der Air Force One auf dem Flughafen Zürich landen, eine Helikopter-Flotte der amerikanischen Luftwaffe den Präsidenten zu einem geheim gehaltenen Ort in der Nähe von Davos bringen wird. Nun wird der Weltöffentlichkeit eine gigantische Inszenierung geboten, bei der sich die USA in ihrer ganzen Pracht und Größe präsentieren. So etwas hat auch unser Wintersportort noch nie erlebt, die ganze Stadt ist auf den Beinen. Als winzige Punkte am Horizont rücken Stunden später fünfzig Limousinen in Richtung Davos vor, bahnen sich den Weg an Tausenden von Männern, Frauen und Kindern vorbei, die die Straßen zu beiden Seiten säumen. Vor dem Grandhotel verdichten sich die Zuschauer schließlich zu einem unüberblickbaren Menschenteppich, worauf ein Dutzend uniformierter Bodyguards plötzlich die vorderste Luxuskarosse umringt, das Zuschlagen einer Autotür zu vernehmen ist, ein groß gewachsener Mann mit grauem Haarschopf sofort in einem Pulk von Sicherheitsleuten verschwindet: Es ist der Präsident. Hunderte von Medienleuten wollen sich das Ereignis nicht entgehen lassen, vor Ort befinden sich zwei Dutzend nationale und internationale Kamerateams. Meine auf vierhundert Personen aufgestockte Belegschaft steht geputzt und gekämmt, einer genauen Ordnung folgend, vor dem Hoteleingang.

Meine Frau und ich – ebenfalls nett zurechtgemacht – sind als offizielle Gastgeber an vorderster Stelle postiert. Bill Clinton legt die letzten zwanzig Meter zu Fuß zurück, drückt Hände, unterhält sich mit verschiedenen Leuten, reagiert lachend auf Zurufe, winkt, lässt sich fotografieren. Jener Moment, als er endlich vor mir und Sylvia steht, ist mit einem Wort beschreibbar: magisch. Mit ausgestreckter Hand läuft er uns lächelnd entgegen, bedankt sich, dass wir ihm unser Zuhause überlassen. Es ist Sympathie auf den ersten Blick. Das erste Zusammentreffen dauert weniger als eine Minute, denn plötzlich geht alles blitzschnell: Routiniert wird der Präsident innert Minuten in unsere Wohnung geschleust, die Tür fällt ins Schloss, und der Zutritt ist ab sofort verboten, wie ein Dutzend Wachmänner klarmachen.

Wenig später soll ein erster offizieller Empfang stattfinden, zu dem Clinton fünfunddreißig Staatspräsidenten und Minister geladen hat, die ebenfalls in unserem Haus einquartiert wurden. Den schwer bewaffneten Tross im Rücken, läuft der amerikanische Präsident eilig den Gang entlang, auf den Bankettsaal zu, wo man ihn erwartet. Auf halbem Weg erblickt er uns, winkt, hält abrupt inne und steuert zielstrebig auf uns zu. In der folgenden halben Stunde entsteht eine meiner liebsten

Fotografien – ein Bild, das man aus dem brennenden Haus retten wollen würde: Aufgrund der spontanen Situation mangelt es an Sitzgelegenheiten, und weil wir sofort ein Gespräch über Gott und die Welt führen, lässt sich Bill Clinton nach wenigen Minuten in einer Nische nieder. Während fünfunddreißig Staatsmänner auf Clintons Erscheinen warten, sind wir in die angeregte Diskussion vertieft. Ohne zu übertreiben, darf ich sagen, dass in dieser halben Stunde freundschaftliche Bande geknüpft wurden. Wie viele Männer, die sich als Freunde bezeichnen, befinden wir uns nicht in ständigem Kontakt. Es kommt durchaus vor, dass wir einige Monate nichts voneinander hören, und dennoch wissen wir um die Zuneigung des anderen.

Nach diesem WEF besucht uns Bill Clinton noch zehnmal in Davos, einmal übernachtet er sogar privat in unserem Chalet. Aber stets beachte ich gewisse Regeln des Respekts im Umgang mit diesem Freund, und nie würde ich ihn mit Themen und Fragen konfrontieren, die ihm unangenehm sein könnten. In der Zwischenzeit schätze ich ihn für vieles und erachte es vor allem als große Leistung, dass er das Vertrauen in die Menschen nie verloren hat. Ohne Vorbehalt geht er auf sie zu, und entsprechend begeistert reagieren sie auf ihn. Das Gelingen seines Lebens überlässt er nicht einfach dem Zufall.

Wenn man sich mit den Grundsätzen und Erkenntnissen der wissenschaftlichen Glücksforschung befasst und mit den Gestaltungsmöglichkeiten auseinandersetzt, über die jeder Einzelne verfügt, wird klar, dass Persönlichkeiten wie Bill Clinton überzeugte Optimisten sein wollen und sehr diszipliniert am Positiven festhalten. Bills Menschlichkeit zeigt sich auch in unseren Gesprächen. Nie dreht sich seine Wahrnehmung nur um die eigene Person, stets stellt er relevante Fragen und hört genau zu, beides lässt auf Lebenserfahrung und ein echtes Interesse am Gegenüber schließen. Ich lerne einiges von ihm, wie viel davon mir für mein zweites Berufsleben nützlich sein wird, erfahre ich erst später.

Katzen im Schnee

Seit Klaus Schwab das European Management Symposium im Jahr 1971 gegründet hat, das Jahre später in World Economic Forum umbenannt wurde, pflegen dieses und Davos eine symbiotische Beziehung. Dass das Weltwirtschaftsforum und die Stadt, übrigens die höchstgelegene Europas, ab dem Jahr 2000 weltbekannt werden, ist meiner Meinung nach zwei Umständen zu verdanken, die in ihrer Kombination einmalig sind: Die Anwesenheit von Bill Clinton fällt mit den Protesten und Aktionen der Antiglobalisierungsbewegung zusammen. Was wie eine Katastrophe klingt, erweist sich im Nachhinein als absoluter Glücksfall. Keine noch so raffiniert agierende PR-Agentur, kein Spin-Doctor, der tausend Dollar pro Stunde verdient, und niemand sonst hätte eine solche Strategie aushecken können.

Ein Jahr zuvor nimmt die Weltöffentlichkeit die Globalisierungskritiker erstmals wahr: Als sich Demonstranten und Polizei in Seattle heftige Straßenkämpfe liefern, muss die dritte WTO-Konferenz abgebrochen werden. Durch diesen Erfolg ermuntert, formiert sich in den darauf folgenden Monaten eine weltweite Bewegung, die sich aus politisch links stehenden Gruppierungen zusammensetzt, aus parteiähnlichen Organisationen, freien Trägern sowie Hunderttausenden von passiven Sympathisanten, die sich mit den sozialen, ökonomischen, kulturellen und ökonomischen Auswirkungen der Globalisierung kritisch auseinandersetzen. In dieser Logik figuriert das ins Visier genommene Weltwirtschaftsforum als neoliberal agierende Organisation und gilt auch als »Symbol des Kapitalismus«. Die Schlagkraft der Bewegung, die als riesig vermutet wird und zu der ein gefürchteter schwarzer Block von gewaltbereiten Anarchisten gehört, kann in Davos nicht ignoriert werden. Denn im Vorfeld der Veranstaltung kursiert bald ein Aufruf, dessen Wortlaut wie eine ungemütliche Drohung klingt: »Lasst uns Davos niederbrennen: Wir kommen mit fünfundzwanzigtausend Demonstranten«.

Ausgerechnet als sich Bill Clintons Besuch ankündigt, muss die Bedrohungslage zum ersten Mal als prekär eingestuft werden. Bald schalten sich verschiedene Bundesämter ein, da der Davoser Polizeibestand so kümmerlich ist, wie man es von einer friedlichen Kleinstadt in den Bergen nicht anders erwarten kann, die »Causa WEF« wird in der Folge zum nationalen Anliegen erklärt. Mit der einstigen Beschaulichkeit ist es nun vorbei: Zutritt für jedermann, einzelne Leibwächter, die in Joggingkleidung etwas gelangweilt um die Häuser ziehen, das alles gehört der Vergangenheit an. Angesichts der drohenden Gefahr wird Davos in verschiedene Zonen unterteilt, die nun in den Verantwortungsbereich der nationalen Sicherheitsdienste fallen: Für das »Belvédère« als Mittelpunkt vieler Veranstaltungen und aller hohen Gäste, die hier nächtigen, garantiert die Bundespolizei das entsprechende Sicherheitsdispositiv.

Mit den eigenen Secret Services, die jeder Staatspräsident mitbringt, verwandelt sich auch das Grandhotel samt riesigem

Umschwung in eine Hochsicherheitsburg. Um das elegante, weitläufige und exklusive Ambiente zu wahren, müssen wir uns verschiedene Maßnahmen einfallen lassen. Den meterhohen Stacheldrahtzaun – er umgibt das Anwesen als Schutzwall – lasse ich in einem aufwendigen Prozedere mit weißen Stoffbahnen verhüllen, üppige Blumendekorationen kaschieren die Scanner im Empfangsbereich. Mit Infrarotkameras und Nachtsichtgeräten ausgestattete Scharfschützen sind auf dem Dach des Hotels postiert. Bereits sieben Tage vor Beginn des Anlasses erhält niemand mehr unkontrolliert Zutritt zum Haus, Bodycheck und andere Kontrollen sind nun ein Must für alle Besucher. Ein Bombenkommando inspiziert den gesamten Gebäudekomplex, und ein eigener Kommandoposten mit unzähligen Polizisten, die allein für das »Belvédère« zuständig sind, rundet das Bild ab.

Die umfassenden Sicherheitsbestimmungen machen aus Davos und den umliegenden Gebieten offiziell eine Militärzone. Die aufwendigen Maßnahmen sorgen – aufgrund der hohen Kosten von mehreren Millionen Franken – auch in den folgenden Jahren immer wieder für Kritik. Die Ausgaben stehen jedoch in Relation zur Wertschöpfung, die bald hundert Millionen Franken pro Jahr beträgt. Geld, von dem Davos, der Kanton Graubünden, aber auch die Schweiz profitieren. Die Gewährleistung der Sicherheit des Forums und seiner Gäste ist essenziell und wird weiterhin oberste Priorität genießen. Wenn nichts passiert, erscheint der Aufwand enorm. Geschieht Schreckliches, weil im Vorfeld nicht alles unternommen wurde, um die Menschen zu schützen, müsste man sich zu Recht Fahrlässigkeit vorwerfen lassen.

Um allfällige Störenfriede gar nicht erst nach Davos einreisen zu lassen, werden im Januar 2000 ab Landquart strenge Kontrollen durchgeführt, und suspekt erscheinenden Personen untersagt man die Weiterfahrt. Die Verbindung von Bill Clinton, einem beliebten und charismatischen Mann – der allerdings das imperialistische System der USA verkörpert –, und den wütenden Demonstranten, die sich auch seinen Werten und seiner Person entgegenstellen, erweist sich als attraktives journalistisches Sujet. In Erwartung massiver Proteste, die eskalieren könnten, sind Hunderte von nationalen und internationalen Journalisten sowie Dutzende von Kamerateams vor Ort. In den folgenden fünf Tagen kommt es zwar zu Ausschreitungen, eine verhältnismäßig kleine Truppe von tausend Aktivisten marodiert durch Davos, die Schadensbilanz – ein paar eingeschlagene Fensterscheiben bei einer amerikanischen Fast-Food-Kette – fällt jedoch geringfügiger aus als befürchtet.

Trotzdem bringen die angereisten Fernsehstationen, darunter CNN und BBC, nun täglich Spezialsendungen zum Wirtschaftsforum. Der US-Sänger Bono besingt die WEF-Teilnehmer in einem eigens geschriebenen Song bald als »fette Katzen im Schnee«, und die indische Schriftstellerin Arundhati Roy profiliert sich als Sprecherin einer Bewegung, die ein Jahr später beim G-8-Gipfel in Genua mit zweihunderttausend Demonstranten in Aktion tritt und auch andere prominente Künstler, Schriftsteller und Intellektuelle in ihren Bann zu ziehen weiß. Was die Kritiker und Demonstranten nicht ahnen können: Indem sie das WEF mit einem politisch frischen Thema – der Globalisierungskritik – in Verbindung bringen, erhält das Wirtschaftsforum zusätzliche Bedeutung und kann sich in der Folge auch als »Brand« komplett neu positionieren. Fortan sind jedes Jahr Dutzende von internationalen Kamerateams sowie Hunderte von schreibenden Journalisten vor Ort, und im Zuge dieser erstaunlichen Entwicklung – in deren Verlauf auch immer mehr Prominenz aus dem Showbiz in die Schweizer Alpen anreist – werden »Davos« und das Grandhotel Belvédère weltberühmt.

Die Kritik der WEF-Gegner führt zu neuen Aktivitäten, unter anderem initiieren die Verantwortlichen das parallel zur Hauptveranstaltung abgehaltene »Open Forum«: Es macht die Diskussionsthemen im Kongresszentrum für die allgemeine Öffentlichkeit zugänglich, und inzwischen sind alle Plenardiskussionen auch auf Youtube mitzuverfolgen. 2001 finden die Anschläge auf das World Trade Center statt, was die WEF-Organisatoren dazu bewegt, den Anlass bewusst ins »Zentrum der Angst«, nach New York, zu verlegen. Zum ersten und einzigen Mal findet das Forum nicht in Davos statt. Ein Jahr später, 2002, werden die ersten globalisierungskritischen Organisationen offiziell nach Davos eingeladen. Den oft gehörten Vorwurf, das Forum bringe kaum nennenswerte Ergebnisse, auch weil die neue Einbindung verschiedenster Non-Governmental-Organisationen (NGOs) wenig wissenschaftlich fundiertes Fachwissen liefere, verstehe ich nicht. Resultate werden durchaus präsentiert, darunter die Global Health Initiative (GHI) sowie die Global Education Initiative (GEI), und auch die Auseinandersetzung mit den Themen »Klimawandel« und »Wasser« führt in den folgenden Jahren zu Empfehlungen und politischen Vorstößen, die sich nicht einfach in Schall und Rauch auflösen.

Die Öffnung des Forums für die NGOs könnte man als einsichtig bezeichnen, vielleicht entspricht sie auch einem schlauen Schachzug der WEF-Verantwortlichen. Mit der Einbindung dieser Vertreter nimmt man den Gegnern den Wind aus den Segeln, denn die »Mächtigen« signalisieren so tatkräftig, dass sie sich den Argumenten ihrer Kritiker nicht verschließen, die den Abbau sozialer Rechte, die allumfassende Kommerzialisierung und Vermarktung, die Deregulierung ebenso wie globale Abkommen und den Neokolonialismus infrage stellen. Mit der glanzvollen Anwesenheit von Politstar Bill Clinton und im Zuge der zunehmenden Medienpräsenz des Anlasses etabliert sich ein Konzept, das bis anhin Bob Geldof oder Unicef vorbehalten war. Das Kinderhilfswerk begriff bereits in den 1970er-Jahren, dass sein Engagement auf fruchtbareren Boden fällt, wenn prominente Sympathieträger als sogenannte Botschafter auftreten. Bob Geldof seinerseits wurde mit seinem Engagement im Rahmen von Live Aid berühmter und angesehener, als er es im Rahmen seiner Musikerkarriere je war, und bescherte auch seinen Mitstreitern, darunter Madonna, Lionel Richie und Judas Priest, eine philanthropische Imagepolitur. Diese Idee übernehmen ab der Jahrtausendwende beinahe alle Hilfswerke, und auch viele NGOs steigern die Attraktivität ihrer Themen, indem sie berühmte und schöne Menschen für ihre Sache verpflichten. Bald reisen Stars aus dem internationalen Showbusiness nach Davos, und ihr zahlreiches Erscheinen sorgt dafür, dass auch vor dem »Belvédère« immer häufiger der rote Teppich ausgerollt wird.

Die Begegnungen mit Richard Gere, Sharon Stone, Michael Douglas, Chris Tucker, Quincy Jones und vielen anderen bleiben mir in bester Erinnerung. Bei seltenen Gelegenheiten verlaufen die Treffen weniger erfreulich als erwartet, jedoch aufschlussreich: so im Fall des Hollywood-Stars Angelina Jolie, der beinahe ein Ruf als Heilige vorauseilt und deren Ankunft wir mit Freude erwarten, jedoch bald eines Besseren belehrt werden. Egal, ob sie ein neues Adoptivkind vorführt oder ihre neugeborene Tochter zum ersten Mal in der Öffentlichkeit zeigt: Was wie ein zufälliger Schnappschuss eines Megastars mit einem Herzen aus Gold wirkt, ist das Resultat von Manipulation und Imagepflege. Wer sich nicht an die bizarren Regeln der Diva hält, die einem weder schriftlich noch mündlich mitgeteilt werden, sondern sich aufgrund spontaner Launen ergeben, fällt bei der Hollywood-Göttin und ihrem Gefolge schnell in Ungnade, was die Arbeit jener erschwert, die ihren Aufstieg zumindest indirekt ermöglichten: die Journalisten.

Seit ich im »Belvédère« tätig bin, veränderte sich meine Einstellung zum Thema Medienzusammenarbeit: Das WEF verhalf auch Davos zu Ansehen und machte aus dem Bergdorf eine prosperierende Stadt. Ohne Reporter, Kamerateams und Fotografen wäre dies nicht möglich gewesen. Das ist allen klar und wird nicht bestritten. Dennoch trägt in den Anfangsjahren niemand dazu bei, die Medienleute in ihrer Arbeit zu unterstützen. Anfragen werden nicht beantwortet, Bewilligungen verschlampt, und sollte irgendjemand einen Extrawunsch anbringen, ist ein solches Anliegen beinahe von Anfang an zum Scheitern verurteilt. Außerhalb des Kongresszentrums sind die Arbeitsbedingungen nervtötend, weil es an geeigneten Räumlichkeiten fehlt, immer wieder Verbindungen kollabieren, Server überlastet sind und im dümmsten Fall sogar das Stromnetz der Kleinstadt zusammenbricht. Der schlecht gelaunten Duldung jener Leute, denen die Stars, aber auch unzählige Betriebe und die Davoser Bevölkerung einiges zu verdanken haben, wirke ich anfänglich im Alleingang entgegen: indem ich innerhalb der Hotelanlage Dutzende von Journalistenbüros mit einer funktionierenden Infrastruktur einrichten lasse. Alle Anfragen zu meinem Betrieb, den Anlässen und Partys, die wir bald in großem Stil veranstalten, aber auch zu Hunderten von anwesenden und stets wechselnden Gästen nehme ich persönlich entgegen, und wann immer möglich versuche ich Dreherlaubnis und Fotobewilligung zu erwirken, was oft genug unnötig ist, denn es versteht sich von selbst, dass sich die Prominenz bei der Anreise kurz zur Verfügung stellt. Und natürlich liefern wir auch ungefähre Zeitpläne, damit die einzelnen Teams nicht stundenlang in der eisigen Kälte ausharren müssen, bevor sich die Objekte der Begierde endlich zeigen.

Hinter all diesen Neuerungen steht eine gute Portion Eigennutz, das wissen beide Seiten. Trotzdem ist es für mich nicht nur eine Frage der Geschäftstüchtigkeit, sondern auch eine Frage des Anstandes, dass man jene, die einen füttern, nicht bei jeder Gelegenheit in die Hand beißt. Die Neuerungen führen zum netten Nebeneffekt, dass das Grandhotel Belvédère jedes Jahr Hunderte von redaktionellen Erwähnungen in der ganzen Welt findet. Nicht weil sich die Journalisten bestechen ließen, sondern weil sie unter den verbesserten Umständen ihre Arbeit machen können und im »Belvédère« sowieso bald mehr los ist als im Kongresshaus.

Egal, ob BBC, Beijing News, CNN oder die italienische Boulevardpresse: Mit großer Spannung wird die Ankunft von

Brad Pitt und der wunderschönen Angelina Jolie erwartet. Jolie – schwanger mit den Zwillingen – ist offensichtlich so gebrieft worden, dass in Davos weder Schneeräumungsfahrzeuge noch Heizungen existieren: Sie trägt massive Stiefel mit dicken Gummisohlen und Pelzbesatz. Ihre sonst so glamouröse Erscheinung verschwindet in einem formlosen Mantel, das Gesicht versteckt sie hinter einer schwarzen Sonnenbrille. Im Schlepptau befindet sich Brad. Geplant war, dass das Glamourpaar das Hotel durch den Haupteingang betritt, die Fotografen und Kamerateams Bilder machen und »Brangelina« danach ihre Ruhe haben. Aber selbst ein Zeitaufwand von wenigen Minuten lässt sich offenbar nicht erübrigen. Überraschend fährt ihre schwarze Limousine mit den getönten Scheiben beim Hintereingang vor. Der ist komplett verstellt und muss auf Geheiß von Jolie sofort von zwei Mitarbeitern freigeräumt werden, die diese Arbeit vor ihren Augen und bei klirrender Kälte verrichten müssen. Pitt ist es peinlich. Seine Freundin verschwindet grußlos im Innern. Das Haus wimmelt von anderen Prominenten und Stars, möglicherweise fühlt sich die Schauspielerin nicht genug im Mittelpunkt stehend: Auf jeden Fall gibt es verschiedene Ausbrüche und Szenen, die sich um nichtige Details drehen, ein Verhalten, das sogar Hans Kopfzerbrechen bereitet und ihn zu einem grimmigen Stirnrunzeln verleitet.

Auch in den folgenden Tagen weigert sich Jolie, nur ein einziges Mal durch den Haupteingang zu treten. Ein Grund für dieses Verhalten kann nicht in Erfahrung gebracht werden, aber es hat zur Folge, dass sich drei Dutzend Journalisten stundenlang die Beine in den Bauch stehen müssen, da ihre Redaktionen Bilder und Berichterstattung erwarten. Jolie – die sich auch im direkten Kontakt mit meinen Mitarbeitern als herablassend und herrisch erweist – nimmt im Rahmen ihrer Uno-Tätigkeit an einem Menschenrechtskongress des WEF teil. Wie authentisch dieses Engagement ist, frage ich mich in der Zwischenzeit, da es ihr grundsätzlich an Verständnis und Respekt für ihre Mitmenschen zu mangeln scheint.

Glücklicherweise verlaufen die meisten Zusammentreffen mit prominenten Zeitgenossen aus dem Showbiz viel erfreulicher, so beispielsweise im Fall von Sharon Stone und Richard Gere. Stone bleibt mir als unglaublich attraktive Frau in Erinnerung: Diszipliniert und heiter, bahnt sie sich ihren Weg weitgehend selbständig durch den Hotelalltag und ist bald der Liebling aller Angestellten, mit denen sie einen regen Austausch pflegt. Gere stellt Fragen zu den regionalen Bräuchen und sitzt bald allein in einem kleinen Restaurant außerhalb des Hauses, wo er Käsefondue und Bündnerfleisch genießt und sich mit den Einheimischen über die Pistenverhältnisse und die direkte Demokratie unterhält. Gere ebenso wie der »Basic Instinct«-Star Stone betrachten sich nicht als Maß aller Dinge, oder zumindest besitzen sie genügend Grips, dies nicht bei jeder Gelegenheit zu demonstrieren.

Stones unprätentiöses Naturell und ihre schnelle Auffassungsgabe kommen auch dem WEF zugute. Im Rahmen einer Plenarsitzung zum Thema »Armut« engagiert sie sich für ein Malariaprojekt in Afrika. Oft wird im Rahmen solcher Runden viel geredet, aber unmittelbare Aktionen finden nicht statt. Stone hätte den offiziellen, schwerfälligen Dienstweg einschlagen können, um ihr Anliegen vorzubringen. Ein Vorgehen, das

– wie sie richtig erkennt – vermutlich zum Scheitern verurteilt gewesen wäre. Flexibel und klug entscheidet sie sich für eine zwar unkonventionelle, aber bessere Strategie, wie man mir zuträgt. In Hippieklamotten und mit blonder Strubbelfrisur wendet sie sich während des Hearings spontan einer stummen Menge zu, die mehrheitlich aus männlichen Vertretern in grauen Anzügen besteht, und ruft strahlend in den Raum. »Ich biete zehntausend Dollar für eine Direkthilfe. Wer bildet ein Team mit mir und macht mit?« Innerhalb von zehn Minuten hat sie über eine Million Dollar gesammelt, die dem sofortigen Kauf von Moskitonetzen dient.

Magische Momente, wie ich die einzigartigen, nicht wiederkehrenden Sekunden, Minuten und Stunden nenne, die einem geschenkt werden, sind nicht planbar und nicht wiederholbar: Die Begegnung mit Muhammad Ali gehört dazu, eine Jam-Session morgens um halb vier, die Quincy Jones, Lionel Richie und Gilberto Gil in der Hotelbar veranstalten, oder ein langes Gespräch mit dem introvertierten Senator und zweifachen US-Präsidentschaftskandidaten John McCain. Diese Menschen zeigen mir auch, dass Stil nicht lernbar ist. Er hat mit einem eleganten Innenleben zu tun. Im Gegensatz zu Höflichkeitsformeln und allgemeingültigen Anstandsregeln steht Stil fast immer in Verbindung mit einem authentischen Selbstbewusstsein, das weder kapriziöse Ausdrucksformen noch übertriebene Eitelkeiten benötigt. Kofi Annan, Nelson Mandela, Condoleezza Rice und Angela Merkel kommen mir in diesem Zusammenhang in den Sinn. Immer höflich und heiter, ist die deutsche Bundeskanzlerin im direkten Kontakt warmherziger, als man denken könnte. In einem männlich dominanten Umfeld verinnerlichen andere mächtige Frauen die harschen Gepflogenheiten ihrer Kollegen. Merkel tippelt sehr weiblich und umso zielstrebiger durch den politischen Alltag.

Muhammad Ali fehlt es – erstaunlicherweise – nicht an Stil. Seine außergewöhnliche Karriere verfolge ich von Kindesbeinen an und weiß, dass er in der Vergangenheit immer wieder durch angeberisches und rüpelhaftes Benehmen auffiel, vor allem weil er stets klarmachte, dass er sich selbst für den »Größten und Schönsten« hält, wie er bei jeder passenden und unpassenden Gelegenheit in die Mikrofone schrie. Den eigentlichen Wandel brachte seine Krankheit. Die Box-Legende ist physisch ein Schatten seiner selbst, als er in Davos eintrifft. Sein einst kraftstrotzender Körper muss von zwei Begleitern gestützt werden. Aufgrund eines starken Tremors, den die Parkinson-Krankheit ausgelöst hat, kann er keinen Bleistift mehr halten. Seine Mimik ist ebenfalls limitiert, beinahe maskenhaft. Nur der aufmerksame Blick, den er interessiert auf meiner Frau und mir ruhen lässt, zeigt, dass er durchaus Herr seiner Sinne ist. Wie kein Zweiter definierte er sich über den Willen zum Sieg, den er meist durch einen brachialen K.-o.-Schlag erreichte, und dieses Image haftete ihm auch nach Beendigung seiner fantastischen Sportlerkarriere an, als er sich in der schwarzen Bürgerrechtsbewegung engagierte und als Uno-Botschafter Millionen für die Armen und Schwachen sammelte. Nun besitzt er den Mut, sich in einem Zustand der Hilflosigkeit und Schwäche in der Öffentlichkeit zu zeigen, um seine Anliegen zu vertreten. Damit wird er nicht nur für mich zum eigentlichen Champion, denn zum ersten und einzigen Mal erlebe ich, wie alle Kamerateams und Fotografen ihre Arbeitsgeräte niederlegen, um einem anwesenden Gast spontan zu applaudieren.

Andere Menschen, unter ihnen nicht nur Prominente, pflegen ihr großes Ego unter allen Umständen ausgiebig, und der exklusive Hotelbetrieb bietet dafür einen idealen Nährboden. Nichts und niemand kann den überhöhten Ansprüchen dieser Kunden genügen, die meine Mitarbeiter entweder als Leibeigene betrachten oder sie so ausgiebig mit Spitzfindigkeiten drangsalieren, dass ich meine Leute aus der Schusslinie nehmen muss, indem ich mich selbst um die Klagenden kümmere. Manchmal werden sehr schwierige Personen im Alter etwas milder, aber auf jene bald neunzigjährige Contessa, die bei uns absteigt, trifft dies leider nicht zu. Gekleidet, geschminkt und frisiert, als hätte sie täglich mehrere Staatsempfänge zu absolvieren, jedoch stets allein unterwegs, hält sie den Hotelbetrieb, die Angestellten, die Suite, die Anlage, das kulinarische Angebot – schlicht und einfach alles – von der ersten Sekunde ihres Aufenthaltes an für mangelhaft. Ihre Klagen nehmen kein Ende, wobei der Tonfall eindeutig zu wünschen übrig lässt.

Obwohl meine Mitarbeiter so geschult sind, dass der Kunde König ist, wissen sie, dass sie im Umgang mit den Gästen Respekt einfordern können. Zerknirscht und aufgelöst melden sich drei Angestellte bei mir; sie sind mit ihrem Latein am Ende und den Tränen nah. Als ich mit der greisen Italienerin das Gespräch suche, wiederholt sie in einer langen Tirade sämtliche Kritikpunkte. Das ernsthafte Interesse an den Beanstandungen der Gäste ist das A und O jedes erfolgreichen

Hotelbetriebs. Wie kann es einem Direktor egal sein, was seine Kunden denken und was sie an Verbesserungen anregen? Die nun vorgebrachte Kritik ist allerdings nicht verwertbar, denn sie erweist sich als skurrile Aneinanderreihung von angeblichen Missständen.

Während sie redet und redet, denke ich an tatsächliche Malheure, die uns im Rahmen des WEF durchaus widerfahren. Einmal stolpert eine Angestellte und wirft einem Staatspräsidenten das gesamte Speisetablett samt Getränken vor die Füße. Ein anderes Mal begleiten wir den thailändischen Premierminister und seine Entourage unter Einhaltung eines komplizierten Protokolls zu einer als fantastisch angekündigten Suite. Als wir endlich vor dem Zimmer stehen, folgen erneute Verbeugungen, dann tritt erwartungsvolle Stille ein. In Kenntnis der angekündigten Pracht stoße ich die große Flügeltür selbstbewusst auf – und blicke fassungslos in ein leeres Zimmer, das Stunden zuvor irrtümlicherweise ausgeräumt worden ist. Während der asiatische Begleittross sprachlos ist, reagiert der hohe Besuch auf die peinliche Panne nicht nur mit Gelassenheit, sondern auch mit Humor. Auf das einzige Gemälde im leeren Raum weisend, murmelt er: »Dafür gibt es wirklich tolle Kunst hier.«

Von solcher Leichtigkeit scheint die Contessa nichts zu halten, und ihre Tirade nimmt kein Ende: Nun beklagt sie Seifenfarben, zu kostbare Qualität der Servietten, Art der Blumen in den Gartenrabatten, Sitzgelegenheiten, Teppichmuster und Haarschnitte der Kellner. Mein Fehler: Angesichts dieser maßlosen Beschwerdenliste kann ich mir ein Lächeln irgendwann nicht mehr verkneifen. Was die gebrechliche Frau dermaßen erbost, dass sie mir ihre kofferartige Handtasche unvermittelt und mit erstaunlicher Wucht über den Kopf haut. Ich bin völlig perplex. Hans, der die slapstickartige Szene beobachtet, wird von einem Lachanfall geschüttelt, er versteckt sich vorübergehend im hinteren Teil der Concierge-Loge, während umstehende Gäste und Angestellte ungeniert starren und kichern. Zum ersten und einzigen Mal muss ich mich im Rahmen einer hotelinternen Beanstandung im wahrsten Sinn des Wortes geschlagen geben. Ich biete der Dame den Aufenthalt umsonst an und verspreche, eine geeignete Unterkunft im Ort zu suchen. Erleichtert blicke ich unserem Limousinenservice nach, der die Signora schließlich wegchauffiert. »Zur ungeliebten Konkurrenz«, wie Hans listig lächelnd anfügt.

Anders als jene Stars und Sternchen, die bald in großer Anzahl bei uns absteigen, sind die politischen Persönlichkeiten eng in die verschiedenen Sicherheitsdispositive eingebunden und von Leibwächtern, persönlichen Beratern und Presseverantwortlichen abgeschirmt. Der Tagesablauf ist durchstrukturiert und beginnt morgens um sechs Uhr dreißig, wenn sich auserwählte Runden zu ersten bilateralen Gesprächen treffen, gefolgt von den zahlreichen WEF-Anlässen und nächtlichen Veranstaltungen, die meist ohne Unterbruch bis nach Mitternacht andauern. Das Programm wird im Verlauf der Jahre so dicht, dass an die in den Anfängen des WEF noch möglichen Spaziergänge und Skiabfahrten nicht mehr zu denken ist. Über freie Zeit verfügen die meisten Teilnehmer in dieser hektischen Woche nicht.

Niemand außer Bill Clinton und Tony Blair: Die Freundschaft der beiden Staatsmänner ist mehr als förmliches Schulterklopfen für die Kameras. Sie freuen sich diebisch, wenn sie sich einen geselligen Moment zu zweit verschaffen können. Diese kurzen inoffiziellen Treffen finden entweder in der Suite des einen oder des anderen statt, und die Angestellten berichten mir, was hinter verschlossenen Türen geschieht: Sofort entledigen sich die beiden der Businesskleidung, bestellen gekühltes Bier und Chips. Im sogenannten Tenue légère – Boxershorts und T-Shirt – diskutieren sie politische Themen, versuchen sich aber auch mit witzigen Geschichten zu übertrumpfen. Manchmal dringt ihr Gelächter durch die Türen, was mich jedes Mal heiter stimmt: Zwei der mächtigsten Männer der Welt wissen sich offensichtlich kostbare Momente zu kreieren, die Lebensqualität und Entspannung bedeuten.

Hinsichtlich der Themen Veränderung, Zufriedenheit und Glück liefern mir die hohen Gäste im Verlauf von vielen Jahren manche Einsicht. Im Positiven wie im Negativen und in manchen Fällen bereits in den Minuten des ersten Zusammentreffens. Als Generaldirektoren nehmen meine Frau und ich die Staatsmänner und -frauen jeweils in Empfang; das Begrüßungszeremoniell, bei dem viel Presse und Publikum anwesend ist, findet meist im Freien statt. Während sich die Gäste zu Fuß zum Eingang begeben, ist das Gedränge riesig und der Geräuschpegel entsprechend hoch. Bis der gesamte Tross in der Empfangshalle steht, kann es über zehn Minuten dauern, Zeit, die ich – so will es das Protokoll – dicht an der Seite von Al Gore, Colin Powell, Jassir Arafat, Bill Gates, Tony Blair, Gerhard Schröder und anderen Persönlichkeiten verbringe.

Diese Menschen, mit denen ich mich im Vorfeld manchmal monatelang befasse und die mir nun aus Fleisch und Blut gegenüberstehen, versuche ich zuerst über die Körpersprache oder Details in ihrem Verhalten zu erfassen. Ein Händedruck ist nicht nur weich oder hart, sondern aufgeweckt, kraftlos, präsent, abwesend, erwartungsvoll. Es gibt berühmte Männer und Frauen, die dem Blickkontakt ausweichen, andere, die einem direkt ins Herz zu blicken scheinen, und manchmal verraten die Augen Leid und Kummer. Auch wie sich der Mensch bewegt, ausladend und herrisch, gleichgültig, bescheiden, in kurzen eleganten Wendungen, langsam wie ein müdes Reptil oder agil wie eine Wildkatze, die gleich zum Sprung ansetzt, lässt Rückschlüsse auf die Persönlichkeit zu, ebenso wie andere Signale, die unbewusst ausgesendet werden. Pressebilder präsentieren politische Persönlichkeiten in Posen mit einstudierter Mimik, auch Arme, Beine und Kopfhaltung sind in den Sekunden des Blitzlichtgewitters unter strikter Kontrolle. Diese Bilder, aber auch die täglichen Nachrichten im Kopf, versuche ich meine Vorstellungen zu integrieren, zu überprüfen und zu ergänzen.

In manchen Menschen erkenne ich Neues und Überraschendes, andere bestätigen negative Vorurteile. Der Auftritt von Dick Cheney – George W. Bushs Vizepräsident und bekannt als agiler Strippenzieher im Hintergrund – irritiert nicht nur mich. Eine imposante Figur, stets ein hintergründiges Lächeln auf den Lippen, so ist er mir aus Fernsehauftritten bekannt. Seine betont vernünftig klingenden politischen Statements – die wohl eine gewisse Volksnähe behaupten wollen – waren mir immer etwas suspekt. Zu Recht, wie ich bald realisiere. Sobald die großen Fernsehstationen ihr Equipment zusammenräumen, verwandelt sich der eben noch joviale Cheney innerhalb von Sekunden. Eingeschüchtert durch seine frostige und beinahe aggressive Aura, verhält sich auch die anwesende Printpresse ruhiger als sonst, und so werde ich unfreiwillig Zeuge, wie sich der amerikanische Vizepräsident »off the record« mit seiner ebenfalls anwesenden Gattin austauscht. Auf üble Art und Weise mokieren sich die beiden über die Gäste, machen die Presse lächerlich, lästern über die Zuschauer, wobei das Vokabular der undifferenzierten Kritik aus der untersten Schublade stammt.

Man könnte den Vorfall einfach als unerfreuliche Begebenheit abbuchen und zur Tagesordnung übergehen. Für mich ist das Benehmen des Ehepaares nicht nur despektierlich und unangebracht, sondern auch aufschlussreich. Im Gegensatz zu anderen politischen, religiösen und intellektuellen Persönlichkeiten, die ihre Launen professionell zu zügeln wissen, deuten die Ausfälligkeiten Cheneys auf eine persönliche Schwäche hin, die, da bin ich mir sicher, auch anderen Misanthropen den Aufstieg an die endgültige Spitze verunmöglicht. Cheney brachte es zwar weit und schaffte es zum Vize, aber eben nicht zum Präsidenten. Im Fall von Bill Clinton erahne ich bereits nach wenigen Minuten innere Kraft und Attraktivität, bei Dick Cheney ist es das pure Gegenteil. Ich stelle mir in all den Jahren oft die Frage: Wie wird man Chef einer Firma mit achthunderttausend Mitarbeitern oder Präsident einer Nation? Heute weiß ich, dass nicht allein Machtwille, Intelligenz, Seilschaften und Tüchtigkeit ausschlaggebend sind. Meine Feststellung mag auf den ersten Blick etwas naiv klingen, aber sie hat sich oft bestätigt und gilt heute auch als Basislehre in Leadership und Coaching: Jene Führungspersönlichkeiten, die als

Grundhaltung ein freundliches Menschenbild pflegen, verfügen über weitaus bessere Chancen, die oberste Karrierestufe zu erklimmen, als jene, die misstrauisch und bösartig agieren.

Auch im Managementbereich scheitern solche Leute oft vor dem eigentlichen Ziel. An oberster Stelle will man sie nicht, sie fallen im letzten Assessment durch, weil sie der Sache unter dem Strich nicht dienen. Als Hotelier begegnen sie mir im Berufsalltag häufig, denn auch die akademischen Ausbildungsmöglichkeiten und Hochschulen bringen jedes Jahr bestens ausgebildete und sehr selbstbewusste Abgänger hervor, die an hohen Stellen einsteigen: Mangelnde Lebenserfahrung und fehlende Menschlichkeit kompensieren sie mit Selbstgefälligkeit und übergroßem Misstrauen ihrem Umfeld gegenüber, das sie nicht einzuschätzen wissen. Ihre Ambitionen sind unrealistisch, und im ungestümen Willen, ohne praktische Leistung möglichst schnell an das höchste Ziel zu gelangen, sind manche so lästig wie ein Schwarm Motten im Schein einer Glühbirne. Ihr Spiel durchschaue ich schnell, und die schlechten Erfahrungen, wozu die Begegnung mit Dick Cheney definitiv gehört, bestärken mich darin, Zynismus für eine dumme menschliche Schwäche zu halten.

Das ist es

Manchmal denke ich auch an einen anderen jungen Burschen, der für sein berufliches und sein privates Umfeld eine ziemliche Zumutung war: an mich. Nach einer mehr als unbeschwerten Schulzeit, bei der auf schulische Förderung konsequent verzichtet wurde, arbeite ich mich später allerdings zum Hotelier hoch und muss manche Niederlage einstecken, bevor ich erneut abhebe. Aufgewachsen bin ich im Kanton Aargau. In Dottikon, einem kleinen Nest, das im April 1969 schweizweit ein einziges Mal ins Rampenlicht rückt, als die ehemalige Sprengstofffabrik, »die Pulveri«, in die Luft fliegt. Eine wuchtige Explosion, die das ganze Dorf erschüttert. Achtzehn Menschen kommen dabei ums Leben, es gibt viele Verletzte und im Umkreis von mehreren Kilometern gewaltige Schäden. Der ohrenbetäubende Knall war auch in der Gaststube meiner Eltern zu hören.

Meine Mutter stammt aus bettelarmen Verhältnissen, durfte die Schule nur sechs Jahre lang besuchen, fiel aber bereits als junges Mädchen durch große Tüchtigkeit auf. Mein Vater ist nicht nur punkto Herkunft, sondern auch äußerlich und charakterlich das Gegenteil: Der Großbauernsohn ist auffallend gut aussehend und auffallend schweigsam, lachen sehe ich ihn selten. Seine Schwermütigkeit steht in seltsamem Kontrast zum

Witz und den schnellen Bewegungen meiner koboldartigen Mutter, ihrem Handlungsdrang, ihrer Entschlusskraft und ihrer Dominanz. Was die Mutter anfasst, gelingt und muss gelingen, und auch nach der Heirat verzichtet sie darauf, sich auf andere zu verlassen, wenn es um die Umsetzung ihrer Pläne geht. Die traditionellen Vorstellungen meines Vaters, wonach der Mann das Geld nach Hause bringt, bleiben theoretischer Natur und lösen sich in der überbordenden Energie meiner Mutter schließlich in Luft auf. Ein Jahr vor meiner Geburt steht der Gasthof Sternen in Dottikon zum Verkauf. Vielversprechend ist das Objekt nicht: An einer stark befahrenen Straße gelegen, häufte die Wirtschaft in den vergangenen zehn Jahren fünfzehn Bankrotte auf ihrem Konto an, zerstörte Existenzen und verursachte viel menschliches Leid.

Mutter lässt sich von den Misserfolgen anderer nicht beirren. Die überlieferte Geschichte geht so: Sie sieht sich im rustikalen Speisesaal um, blickt durch die halbblinden Fensterscheiben in die sogenannte Gartenwirtschaft, besichtigt die vielen Säle, die verlotterte Küche und ruft: »Das ist es. Das will ich.« Wo denn die Familie unterkommen soll, lautet der schüchterne Einwand ihres Mannes. »Wo wohl? In den Zimmern der Pension, die zur Wirtschaft gehört«, antwortet die vierfache Mutter und unterschreibt kurz entschlossen den Vertrag.

Im Gasthof verbringe ich meine Kindheit, und obwohl man das Umfeld als urchig und traditionell bezeichnen kann, erweisen sich die Lebensumstände im »Sternen« als fortschrittlich. Während anderswo neue Familienmodelle und Erziehungsmethoden getestet werden, die Emanzipation ebenso wie die sexuelle Revolution für Turbulenzen sorgen, bleibt im

Dottikon meiner Schulkameraden – die pünktlich zum Essen erscheinen müssen, denen vieles verboten bleibt und denen die eng funktionierende Kleinfamilie viele Zwänge auferlegt – alles gleich. Nur ich führe ein autonomes Kinderleben: ohne familiäre Alltagsroutinen und ohne gemeinsame Wohnung. Zu meinem Universum gehören viele und unterschiedliche Menschen, die sich um mich kümmern, ohne Gehorsam zu verlangen. Dass es in meinem Alltag keine Regeln, Kontrollen und Verhinderungen gibt, ist gewiss nicht der elterlichen Lektüre gescheiter Bücher zu verdanken, sondern eher einem Mangel an Zeit, vielleicht aber auch dem Unwillen meiner so großzügig denkenden und agierenden Mutter, sich in erbsenzählerischen Details zu verheddern, von denen sie ahnt, dass sie dem Ostersonntagskind – wie sie mich, den Nachzügler nennt – nicht zur optimalen Entfaltung verhelfen.

In den folgenden Jahren verwandelt meine Mutter den als hoffnungslos geltenden »Sternen« in eine Goldgrube von regionaler Berühmtheit. Sie erledigt den Einkauf, die Koordination der Angestellten, die Buchhaltung, die Reinigungsarbeiten, doch ihre Hauptaufgabe besteht darin, sechzehn Stunden pro Tag in der Gaststube zu stehen, die dampfenden Gerichte einer gutbürgerlichen Küche zu servieren, das Bier in große Gläser zu zapfen, Späße zu klopfen, mit den rustikalen Gästen jenes Verhältnis zwischen Kumpanei und Mütterlichkeit zu pflegen, das aus der Beiz für viele ein zweites Zuhause macht.

Pia wird zu einer Institution. Von kleiner und kräftiger Statur, trägt sie jeden Tag eine frisch gebügelte schneeweiße Schürze. Das aschblonde Haar, zum Zeitpunkt meiner Geburt im April 1961 noch sorgfältig onduliert, wird bald von einem praktischen Kurzhaarschnitt abgelöst. Um sich Äußerlichkeiten zu widmen, bleibt wenig Zeit, die helle Hornbrille ist in all den Jahren dieselbe, ebenso wie die hastig aufgetragene Lippenstiftfarbe: Perlrosé. Immer in Bewegung, den Franken ebenso wenig wie den Rappen aus den Augen verlierend, geschäftet sie fair, aber auch hart in der kleinen Verhandlung. »Soll ich mich über den Tisch ziehen lassen, weil ich eine Frau bin?«, fragt meine Mutter mit hochgezogener Augenbraue. Mehr hat sie zur Befreiung des weiblichen Geschlechts und der Emanzipation im Allgemeinen nicht zu sagen. Was sie leistet, ist deutlicher als viele Worte, und ihre weiblichen Mitarbeiterinnen behandelt sie so gut und fortschrittlich, dass ihr die meisten jahrzehntelang die Treue halten.

Sie ist ein Vorbild und ein Naturtalent. Ohne das Wort Marketing buchstabieren zu können, ist sie auch in diesem Bereich auf der Höhe, und an eine ihrer Werbeaktionen erinnere ich mich besonders gern: An brütend heißen Sommertagen werde ich zum »Coupe-Essen« in die leere Gartenwirtschaft abkommandiert. Anstelle eines Mittagessens darf ich dort die üppigste Kreation des Hauses, verschiedene Glacesorten, garniert mit Meringueschalen, Früchten und Schokoladesplittern, in mich hineinlöffeln. Eine einzige Auflage ist mit dem Genuss verbunden: Die Aktion muss von der Straße aus gut sichtbar sein und mindestens fünfzehn Minuten dauern. Strategisch am äußersten Tisch zur Fahrbahn platziert, lasse ich den langen Stiel des Löffels jeweils einige Sekunden in der Luft schweben, bevor ich ihn im Zeitlupentempo in der Köstlichkeit versenke und dann sehr langsam und mit dem zufriedensten Gesichtsausdruck der Welt, zum Mund führe. Bereits nach wenigen Minuten parkieren die ersten Autos vor unserer Wirtschaft. Und die kostspieligen Coupes gehen bis in den Abend hinein zu Dutzenden über die Theke.

Zum Gasthof gehören kleinere und größere Säle, die sich für Familienfeiern, runde Geburtstage, Konfirmationen, Taufen eignen. Die Pension mit den einzelnen Zimmern – in die sich manchmal ein Durchreisender verirrt – dient auch unserer Familie als Dach über dem Kopf. Badezimmer und Toiletten befinden sich auf dem Gang. Gemeinsame Familienmahlzeiten kennen wir nicht, verspürt eines der Kinder Hunger, greift Mutter spontan zu den Pfannen oder heißt den Koch, etwas zuzubereiten. Gegessen wird inmitten der lärmenden schwatzenden Gästeschar. Zentrum und Mittelpunkt des Null-Sterne-Betriebs ist die große Gaststube. Über den rustikalen Tischen hängen elektrifizierte Petrollampen, die Lampenschirme sind aus bemalter Keramik, schwere Aschenbecher und eine weitere Insignie der einfachen Gastronomie stehen auf den schwarzen Schieferplatten: das sogenannte Menage, ein verziertes Gestell aus Gusseisen mit verschiedenen Döschen und Fläschchen, Salz, Pfeffer, Aromat und eine dunkelbraune Würzflüssigkeit – für die individuelle Verfeinerung von Schnitzeln, Gnagi und frittierten Pouletflügeli, die genauso wie die Menüs 1, 2 und 3 tagtäglich rund hundertmal die Küche verlassen.

Der Alltag und das kulinarische Angebot sind von den Routinen und Wünschen der Gäste geprägt: Am Mittag bevölkern Lastwagenchauffeure und Gipser, Schreiner und Maler der umliegenden Betriebe die Wirtschaft, am frühen Abend all jene, die vor dem Essen zu Hause ein Bier oder ein »Halbeli«

trinken, gefolgt von Heerscharen von Jassern und den Mitgliedern unzähliger Dottiker Vereine, die ihren Stammtisch im »Sternen« abhalten und aus dem Restaurant eine lärmende Raucherhöhle machen, in der die Dunstwolken manchmal so dicht und tief hängen, dass man das Gegenüber nur erahnen kann. Ich komme und gehe, wie es mir passt, und weil ich das einzige kleine Kind bin, stehe ich stets im Mittelpunkt, was dazu führt, dass ich mich großartig und einzigartig fühle.

In diesem derben Umfeld mit den Bauern und Arbeitern, so wird mir später bewusst, herrschen geradezu progressive Verhältnisse. Das Beizenpublikum ist vorwiegend eine Männergesellschaft, da es sich bei der viel beschäftigten Chefin aber um meine Mutter handelt, befinde ich mich oft in der Obhut dieser Gäste, die mich abwechslungsweise und keiner Ordnung folgend auch außerhalb des Gaststättenbetriebs betreuen. Ob die Hausaufgaben erledigt sind oder wie es um meine schulischen Leistungen steht, interessiert niemanden. Wir sind mit Wichtigerem beschäftigt: ein Bachbett stauen, Vogelstimmen nachahmen, Ameisenhaufen beobachten. Der Kosmos der Gaststätte hat mit einer Hippiekommune wenig zu tun, und dennoch gibt es Parallelen: Anstatt eines Joints wird in der Gaststube Tabak geraucht, und anstatt auf bunten Decken sitzen die unterschiedlichsten Leute nächtelang auf den ungepolsterten Bänken zusammen und schwingen große Reden.

Ich liebe diese Atmosphäre, bin überall willkommen, darf mich dazusetzen, aus den Zigarettenschachteln Mauern bauen, an einem Schnaps nippen. Ich lerne, zuzuhören und mitzureden, schärfe meinen Verstand und mein Mundwerk. Bereits als

Zehnjähriger kann ich mich an den Stammtischen in kurzen, prägnanten Sätzen äußern, schaffe es manchmal, den Erwachsenen Paroli zu bieten, und beginne Meinungen zu vertreten, die unüblich sind. Die Abende enden oft feuchtfröhlich, und die Umsätze, das versteht sich von selbst, erreichen Rekordhöhen. Die »Ladenöffnungspolitik« meiner Mutter ist sehr liberal und lautet: Der »Sternen« bleibt so lange geöffnet, bis der letzte Gast aufbricht, und wenn Hungrige eine halbe Stunde vor Mitternacht auftauchen, können sie darauf zählen, dass Pia sich höchstpersönlich an den Herd stellt und ihnen kocht, was ihr Herz begehrt. »Nein« ist für Mutter ein Fremdwort, und das gilt auch an Sonn- und Feiertagen. Erfahrungsgemäß ist das die Zeit, da die Einsamen und Verlorenen partout keinen Drang verspüren, in den eigenen vier Wänden zu sitzen, was dazu führt, dass Weihnachtsfeste und andere religiöse Feierlichkeiten, die auch im Kreis der Familie Wyrsch gefeiert werden, stets chaotisch und wenig besinnlich über die Bühne gehen.

Was bei der Patronne als übermäßige Gutmütigkeit daherkommt, so begreife ich viel später, ist auch schlaue Taktik. Indem die Chefin niemandem einen Wunsch abschlägt, muss sie erstens keine Alternativen anbieten, und zweitens geht sie umständlichen Diskussionen aus dem Weg, die ein Nein zwangsläufig auslösen. Am Ende des Tages hat sie mit dieser Strategie mindestens eine Stunde Zeit eingespart, und zugleich gibt es im Dunstkreis des »Sternens« ausschließlich zufriedene Stammgäste. Manches Geschäftsprinzip meiner schlauen Erzeugerin begleitet mich durch mein eigenes Berufsleben: Was für den »Sternen« in Dottikon gut war, hat sich auch in den besten und exklusivsten Häusern bewährt.

Meine Mutter ist die Persönlichkeit hinter dem Label, und wenn die Leute zu uns kommen, sagen sie nicht »Wir gehen in den ›Sternen‹«, sondern »Wir gehen zu Pia«. In der einwöchigen Fasnachtszeit schläft die Mutter pro Nacht nie mehr als zwei Stunden. Unzählige Bälle finden in den verschiedenen Sälen statt, müssen organisiert und koordiniert werden. Ab zwei Uhr morgens gibt es Mehlsuppe im Restaurant. Ich sehe meine Mutter vor mir: schwatzend, lachend, beruhigend und vermittelnd, wenn inmitten der kostümierten, tanzenden und zunehmend betrunkenen Paradiesvögel ein Streit ausbricht. Sie ist in ihrem Element. Sie ist glücklich. Die letzten Gäste torkeln meist in den frühen Morgenstunden davon. Wenn mein Vater längst schläft, steht Mutter vor der Tür des Gasthofs, winkt den Johlenden lachend und kopfschüttelnd nach. Zwei Stunden später kocht sie bereits frischen Kaffee, stellt Körbe mit Croissants auf die Tische. Um sieben Uhr nimmt sie mich in einer frischen weißen Schürze in Empfang, erzählt mir die Abenteuer der vergangenen Nacht, während sie heiße Pfannkuchen zubereitet und die nächsten zwanzig Stunden Arbeit in Angriff nimmt. Auch in solch anstrengenden Zeiten käme es ihr nie in den Sinn, sich länger auszuruhen oder sich eine Schwäche zu erlauben, die sie auch ihren Angestellten nicht zugesteht.

Anders als ich, der später die Meinung vertritt, dass ein Chef delegieren und loslassen muss, damit er sich nicht in den Aufgaben verzettelt und aufgrund enormer Arbeitsbelastung negativer Stress entsteht, hält Pia Wyrsch von solchen Ideen nichts. Das ist der einzige Punkt, den man am Geschäftsmodell meiner Mutter kritisieren könnte, denn natürlich ist der

Zeitmangel ein Thema. Ich komme jedoch nie zu kurz: Nachdem meine vier viel älteren Geschwister das Haus verlassen haben, wachse ich als Einzelkind auf, und die Liebe und Fürsorglichkeit meiner Mutter ist umfassend. Andererseits könnte man den großen Arbeitswillen auch als Flucht aus einer Ehe bezeichnen, die beide Eltern nicht glücklich macht. Bezeichnenderweise tritt mein Vater in den Schilderungen meiner frühen Kindheit nicht auf.

In den ersten Jahren ist er für den Ausschank zuständig. Sein Reich ist der offene Kühlschrank mit den Coca-Cola- und Orangina-Fläschchen, die Dampf speiende Kaffeemaschine mit dem silberglänzenden Kolben gehört dazu, lange auch der Zapfhahn fürs Bier, die großen Schnapsflaschen aus weißem Glas und ohne Etiketten: Pflümli, Kirsch und Grappa. Während in der Gaststube das Leben tobt, steht Vater – abgetrennt durch eine breite Theke – schweigend in einer Zone, die kaum zwei Quadratmeter groß ist und so wenig Handlungsspielraum wie Entscheidungsfreiheit zulässt. Anfänglich gehört die Kasse noch zu seinem Verantwortungsbereich. Als aber Mutter nach einem Jodelabend ein paar Fehler in den Abrechnungen entdeckt, nimmt sie auch diese Aufgabe an sich.

Während sich seine Frau als Universalgenie entpuppt, verblasst der Mann ohne Widerstand neben ihr. Wenn Gäste anrufen, um einen Tisch zu reservieren, und Herr Wyrsch den Hörer abnimmt, begrüßen sie ihn kurz und verlangen dann Pia, um die simpelste Sache der Welt mit der Chefin zu besprechen. Obwohl die Eltern beinahe vierundzwanzig Stunden pro Tag zusammen sind, sprechen sie kaum miteinander, und Gesten der Zuneigung oder gar Liebe sehe ich nie. Dass ein ständiges berufliches Zusammensein eine Ehe auf die Probe stellen kann, muss ich später selbst erleben, aber auch, dass eine Beziehung zu retten ist, wenn man sich die Mühe macht, sich mit den eigenen Unzulänglichkeiten auseinanderzusetzen. Meine Eltern tun dies nicht, und als ich älter werde, beginne ich die Zusammenhänge etwas klarer zu sehen.

Als Kind nehme ich den Vater als Störfaktor wahr, als »Neinsager«. Ohne Vater wäre die Mutter perfekt, und sie und ich schließen einen Pakt; gegen ihn, den wir bald einmal als Klotz am Bein wahrnehmen, weil er die unbeschwerte Lebenslust bremst. Sein fragiles Naturell und die damit zusammenhängenden Eigenschaften sind im Beizenbetrieb nicht willkommen, weil nutzlos. Unausgesprochen beinhaltet seine Nachdenklichkeit Einwände gegen ein luftiges Kartenhaus, dessen Konstruktion meine Mutter und ich nie hinterfragen. Mit übermäßiger Feinfühligkeit und tiefsinnigen Gedanken hält sich Pia nicht auf. Das Komplizierte und Grüblerische entspricht nicht ihrem Charakter, als Macherin konzentriert sie sich auf die unmittelbaren Aufgaben, die erledigt werden müssen, während Vater, ohne dass dies jemand bemerken würde, langsam in der inneren Isolation verschwindet. Ob er den schleichenden Prozess der Entfremdung stärker wahrnimmt als jene, die ihn nicht beachten? Seine Frau. Seine Kinder.

Dem Unglück Einhalt gebieten, Veränderungsmöglichkeiten suchen, die die eigene Zufriedenheit vergrößern, solches Denken und Fühlen ist meinen Eltern fremd. Vielleicht ist ihre Generation leidensfähiger, anspruchsloser, weniger egozentrisch und in ihrer Art kompromissbereiter als ihre Nachkommen, die meinen, das Recht auf ein gutes Leben gepachtet zu haben. Die weder persönlichen Aufwand noch vorübergehend negative Konsequenzen scheuen, wenn es darum geht, dem nun wichtigsten Gut – der Selbstverwirklichung – nachzujagen. Das Glück ist kein universeller Wert, es ist in der Auslegung und Wahrnehmung durch gesellschaftliche und kulturelle Faktoren geprägt. Was gestern glücklich machte, ist heute wertlos. Die Ansprüche an die Zufriedenheit haben sich verändert, sie sind heute umfassender, und manche Gegebenheiten der Neuzeit sind der inneren Zufriedenheit abträglich. Anders als frühere Generationen, die ein gelungenes Leben auch darüber definierten, dass es ihnen wirtschaftlich gut und immer besser geht, ist dieses Ziel heute schneller erreicht und somit keine Aufgabe, die bis zur Pensionierung von Sinnfragen und Wandel ablenken kann.

So wenig für meine Eltern Glück ein Thema ist, so groß muss der Leidensdruck des schweigsamen Vaters gewesen sein, denn er versucht, untypisch für die damalige Männergeneration, der inneren Leere entgegenzuwirken: indem er sich einen Garten zulegt und sich den Blumen widmet. Indem er alleine Ausflüge in die umliegenden Gemeinden unternimmt. Und immer öfters zur Flasche greift.

Wirtschaftlicher Aufschwung prägt die 1960er- und 1970er-Jahre, und bald gibt es in jedem Schweizer Haushalt einen Fernseher und verschiedene elektrische Küchengeräte. Die Kinder sind adrett gekleidet. Der Braten brutzelt nicht nur am Sonntag im Ofen. Eine glänzende Familienkarosse steht in der Garage, man fährt nach Rimini in die Sommerferien. Das Schaffen meiner Mutter dient mehr oder weniger dem Selbstzweck, und die Ideale einer geordneten Bürgerlichkeit, die mit dem verbesserten Lebensstil und dem damaligen Glück in Verbindung gebracht werden, sind im Hause Wyrsch inexistent. Obwohl die Eltern zu Wohlstand gelangen, fehlt es an Zeit und Ruhe, um das Geld auszugeben oder die Kinder mit restriktiven Erziehungs- und Bildungsideen der wachsenden Mittelschicht zu drangsalieren. Beigebracht wird mir, mit Messer und Gabel zu essen und dass alle Menschen grundsätzlich Respekt verdienen. Das ist alles – vielleicht ist es auch viel.

Was sich meine Kameraden erbetteln oder aufgrund von guten Leistungen erarbeiten, erhalte ich unter dem Jahr. Einfach so: Fahrrad, Fußbälle, ausgefallene Kleidungsstücke, Geldbeträge für Vergnügungen. An gemeinsame Familienaktivitäten erinnere ich mich bis auf wenige Ausnahmen nicht, auch die Geburtstage gehen bei uns leicht vergessen, die Ferien verbringe ich auf einem Bauernhof. Ein paarmal unternehmen wir einen Ausflug ins Thermalbad Zurzach. Andere Abenteuer sind mir lieber: Wenn meine Mutter mich ins Bett gebracht hat, klettere ich aus dem Fenster, um den Sternenhimmel im Freien zu erkunden, im Sommer ein kühles Bad im Bach zu nehmen, wilden Tieren nachzuspüren. Unversehrt kehre ich jedes Mal zurück, bereit, in der nächsten Nacht ein noch größeres Wagnis einzugehen.

Die immer belebte Gaststube – mit einer Musikbox und einem Fernseher ausgestattet – ist mein Zuhause. Die Mutter ist glücklich und erfüllt, das spüre ich, und meine ständige Anwesenheit erfreut sie mehr als alles andere. Vielleicht sieht sie in mir eine Fortsetzung von sich selbst, denn ihr Vertrauen in mich, meine Eigenständigkeit und meine Fähigkeiten sind beinahe grenzenlos. Dass ich ein eigentlicher Glücksritter bin, der, egal, was geschehen mag, auf der Sonnenseite des Lebens steht, gibt sie mir früh zu verstehen und auch, dass aus mir etwas Spezielles werden würde. Die Konzentration auf meine schulischen Erfolge hat in diesem Konzept keine Bedeutung, da die Zukunft so oder so verheißungsvoll vor mir liegt, wie mir Mutter immer wieder ankündigt. Sie fördert mich auf ihre Art: Widerrede, Diskussionen und verbale Frechheiten aller Art quittiert mein größter Fan stets mit Lachen und klugen Gegenfragen. Sie stachelt mich an, Stellung zu beziehen, nimmt mich ernst, lässt mich bei allen Themen mitreden, und dass ich mich bald jeder Autorität – ob Lehrer, Polizist, Pfarrer oder Vater – vehement entgegenstelle, wertet sie im Geheimen wohl als ihren phänomenalsten Erziehungserfolg. Mein Selbstbewusstsein leidet in diesem Umfeld nicht und nimmt mit zunehmendem Alter beinahe groteske Züge an, wie ich erst im Nachhinein feststellen werde. Bereits als Kind mit dunkelbraunem Lockenkopf, in kurzen Hosen und mit aufgeschlagenen Knien sehe ich mich als Leitfigur und feile beharrlich an meinen diesbezüglichen Talenten. Umso mehr, als ich meine großen sportlichen Ambitionen als Dreizehnjähriger endgültig begraben muss: Beim erstmaligen Versuch, Ski zu fahren, springe ich größenwahnsinnig über die steilste Schanze und breche mir bei einem fürchterlichen Sturz beide Beine, worauf ich zwei Monate lang ans Bett gefesselt bleibe.

Mutter organisiert ein richtiges Spitalbett, das sie mitten in der Küche aufstellen lässt, damit es ihrem Sonnenschein nicht an Unterhaltung fehlt. Obwohl mich mein Glücksritter-Gen offensichtlich vorübergehend im Stich gelassen hat, verbringe ich dort eine ausgesprochen interessante Zeit. Rundherum herrscht von morgens bis abends emsiges Treiben: Es wird geschnippelt und gekocht, gelacht und geschimpft. Die Gerichte verlassen den heißen, dampfenden und lärmigen Raum im Minutentakt. Meine kindliche Autorität leidet unter diesen Umständen keineswegs: Die frechen Wünsche – von eisgekühlten Limonaden bis zu heißen Apfelküchlein – sind allen anderen Befehl. Solche Leckereien werden mir auf Geheiß der Chefin samt den neusten Sportzeitungen ans Krankenlager geliefert.

Gleichzeitig beobachte ich wochenlang, wie die Angestellten miteinander umgehen, weiß bald, wer in der Hierarchie ein wenig besser dasteht und wer sich aufgrund schlauer Schachzüge zum heimlichen Leader mausert, der im Hintergrund die Strippen zieht. Dass meine Mutter jedes Detail im Auge behält, noch bei der unwichtigsten Entscheidung mitredet und auch Hand anlegt, wenn die leeren Flaschen in die Harasse zurückgestellt werden, sehe ich bald mit anderen Augen. Indem die Chefin nie delegiert und keine einzige Aufgabe loslässt, verhindert sie auch das Wachstum ihres Geschäfts, das eine kleine, aber eben keine große Goldgrube wird. Wenn mich meine Schulkameraden am Krankenbett besuchen, sind ihnen zwei Dinge sicher: riesige Portionen Pommes frites, die sehr heiß, knusprig und gut gesalzen auf Papptellern serviert werden, und meine ausgeklügelten Anweisungen, wie mit jenen Schulkameraden umzuspringen sei, die uns ein Dorn im Auge sind.

Meine großen Vorbilder sind Winnetou und diverse Sportlegenden, Leistungswille und Wagemut bewundere ich mehr als alles andere. Egal, ob meine Kameraden und ich ein Rennen mit den Fahrrädern bis zur nächsten Straßenecke veranstalten oder ob es um größere Projekte geht, bei denen unsere Feinde ausgeschaltet werden müssen: Ich will gewinnen, und zwar um jeden Preis. Das Ausleben meines Ehrgeizes übertrage ich auch auf die Gruppe, und als Rädelsführer initiiere ich Mutproben, die manchem Erwachsenen die Haare zu Berge stehen lassen würden.

Obwohl ich als Vierjähriger in einen schrecklichen Unfall verwickelt war – mit dem gleichaltrigen Georg überquerte ich die vielbefahrene Straße vor unserem Haus, wobei mein Freund von einem Lastwagen erfasst und getötet wurde –, ist die Sorge um meine Unversehrtheit nicht größer geworden. Was bei anderen Müttern verständlicherweise zu Übervorsicht und Angst geführt hätte, bestärkte meine Erzeugerin in der Überzeugung, dass ihr jüngster Sohn zwar vor Missgeschicken nicht gefeit ist, er »dem Tod aber offenbar in jeder Situation von der Schippe springt«, wie sie es formuliert.

Zu gewalttätigen Auseinandersetzungen kommt es in meiner »Gang« nie, aber als Unschuldsengel kann man uns auch nicht bezeichnen. Egal, ob es darum geht, ein Fußballfeld vor Eindringlingen zu schützen, oder ein gut organisierter Ausflug in den Wald bevorsteht: Ich gebe die Marschrichtung vor und sorge dafür, dass meine Kameraden tun, was ich will. Von solchen Führungsqualitäten halte ich heute natürlich nichts mehr, aber bereits in jungen Jahren delegiere ich jene Aufgaben, für die mir die Talente fehlen und die andere nicht nur viel besser als ich, sondern auch noch gern erledigen. Die jeweils herausragende Qualität meiner Mitstreiter erkenne ich blind, entwickle einen sechsten Sinn für individuelle Eignungen und Neigungen, mache ihnen sodann begreiflich, dass wir als Team, in dem jeder weiß, was er zu tun hat, zur Höchstform auflaufen können, und profitiere im Großen und Ganzen schamlos von ihren Fertigkeiten. Widerspruchslos akzeptieren sie meine einzige Fähigkeit, nämlich eine Gruppe zu koordinieren und für jene Ziele zu motivieren, die wir gemeinsam erreichen wollen.

So weit meine etwas verklärten Erinnerungen, denn anderes verdränge ich, wie mir Jahrzehnte später bei einer Klassenzusammenkunft bewusst gemacht wird. Nichts ahnend nippe ich an meinem Glas, als eine Frau auf mich zusteuert und ohne Einleitung fragt, ob ich sie erkenne. »Melanie?«, frage ich, sehe die Frau sofort wieder als das Mädchen vor mir, das sie vor vierzig Jahren war, und füge ahnungslos jenen Satz hinzu, der sich als fatal erweist: »Du hast dich nicht stark verändert.« Sie betrachtet mich feindselig und erklärt mir ohne Umschweife, sie besuche den Anlass aus therapeutischen Gründen. Schwer von Begriff, reagiere ich verwundert, worauf sie zu einer langen Rede ansetzt. Meine Kameraden und ich als deren Anführer seien schuld daran, dass sie noch Jahrzehnte später unter den Folgen jener Verbalattacken und Hänseleien leide, die wir ihr zugefügt hätten. Aufgrund ihres Gewichtes. Aufgrund der hässlichen Brille. Aufgrund der eigenartigen Kleider. Ich beginne mich verschwommen an meine Jugendsünden zu erinnern. Heute weiß ich, dass die Zugehörigkeit zu einem bestimmten Kreis, einem erlauchten Milieu, einer populären Gruppe fast immer den Ausschluss von anderen bedeutet. Obwohl es für mich unvorstellbar ist, dass ein Mensch sich mit den Auswirkungen böser Worte beschäftigt, die vierzig

Jahre zuvor gefallen sind, komme ich nicht umhin, mich ein wenig zu schämen. Für jenen Ernst, der ich auch war: nicht nur in der Schule, sondern auch im Umgang mit meinem Vater.

So wie die Eltern still auseinandergehen, ohne Streit, ohne laute Worte, ohne Kampf umeinander, weil nur eine starke Liebe eine solche Auseinandersetzung verdient, gerät das schweigsame und unerfüllte Leben meines Vaters aus den Fugen, ohne dass man die Anfänge der Kapitulation erkennen will. Anfänglich trinkt er ein Glas Rotwein, oder er genehmigt sich ein Bier hinter dem Tresen, während er das unablässige Treiben, die Heiterkeit und Tüchtigkeit meiner Mutter von seinem Revier aus beobachtet, vielleicht beneidet, und während er sich nie um das Glück bemüht, wird er für sein Umfeld beinahe unsichtbar, trinkt er immer mehr. Kleine Gläser. Große Gläser. Ganze Flaschen. Alkoholmengen, die andere in johlende Stimmungskanonen verwandeln, zu aufdringlichen Gesprächspartnern machen, ringen ihm jetzt manchmal ein unvermutetes Lächeln ab, ein unerwartetes »Mach doch, ich bin einverstanden«. Niemand schöpft Verdacht, im Gegenteil: Endlich ist er erträglicher, ein wenig sozialer, und indirekt sprechen wir ihm in seinem Selbstzerstörungswillen Mut zu, weil Vater uns so lieber ist.

Während er die Zustände in einem Leben ohne Fluchtweg schöntrinken will, beginne ich als Teenager das Dasein im Gasthof und das Leben der Gäste zu hinterfragen. Dutzendfach und ausschließlich feiern sie alle Highlights, die ihnen zwischen Geburt, Heirat und Tod widerfahren, bei uns: im »Sternen«. Die Kommunion, die Hochzeit, die Geburt der Kinder, die Beförderung, alle runden Geburtstage, die Pensionierung, und wenn sie nach einem ereignislosen Dasein, das in immer gleichen Routinen und Zwängen verharrt – wie ich in meinem jugendlichen Übermut urteile –, schließlich tot sind, wird das Leichenmahl im gleichen Säli eingenommen, in dem einst das Taufessen stattgefunden hat. Während meine Kollegen in Angst vor der Ungewissheit und allem Neuen bereits in die Fußstapfen ihrer Väter und Großväter treten, dieselben Berufe erlernen, an den immer gleichen Abenden unsere Beiz besuchen, den Rest der Woche vor dem Fernseher verbringen, ein Mädchen aus Dottikon oder dem Nachbardorf Hägglingen mögen, bereits von einem Häuschen und Nachwuchs träumen, ergreift mich die Angst vor der Leere einer ereignislosen Existenz. Ein solches Leben erscheint mir mit zunehmendem Alter unmöglich.

Ambitioniert und arrogant, fehlt es mir als Teenager nicht an hochfliegenden Plänen für meine Zukunft, die interessante Begegnungen, Abenteuer, Reisen, Glamour und Eleganz, Geld in Hülle und Fülle, Autonomie und Macht sowie viele schöne Frauen miteinschließt: Das ganz große Leben soll es sein, und weniger als das perfekte Glück ist mir schlecht vorstellbar. Nicht nur die Ideen, sondern auch die Überzeugung, dass mir ein aufregendes Dasein beschieden sein wird, obwohl meine schulischen Leistungen alles andere als brillant sind, Disziplin ein Fremdwort ist und es mir an Lebenserfahrung gänzlich mangelt, zeugen von meinem Selbstbewusstsein, man könnte auch sagen: von meiner Selbstüberschätzung.

Darunter leidet auch mein Vater zunehmend, denn was anfänglich ignorierbar ist, entwickelt sich zu einem Problem, das letztlich in der Gaststube für Aufmerksamkeit sorgt. Die klandestine Despektierlichkeit, mit der wir dem offensichtlich Betrunkenen begegnen – indem wir ihn nicht ernst nehmen, indem wir uns gegen ihn verbünden –, tritt nun offen zutage. Sorge oder Mitgefühl mit dem Außenseiter treiben uns nur anfänglich um. Seine Sucht kennt weder Ausschweifung noch Unberechenbarkeit, sondern folgt routinierten und stillen Gewohnheiten, die ihm seinen Alltag erträglich zu machen scheinen. Nach der dritten Entziehungskur finde ich erneut versteckte Flaschen im Keller, einen Flachmann hinter der Theke und einen Vater, der mich mit gesenktem Kopf und glasigen Augen schuldbewusst anblickt. Seine Wehrlosigkeit treibt mir einen bösen Stachel unter die Haut: die Verachtung. Heute weiß ich, dass mein so still ergebener Vater seine Frustration und Aggression unterdrückte, die Trinkerei als Ventil für Demütigungen und geplatzte Träume diente. Aber als Sechzehnjähriger betrachte ich ihn mit jenem gnadenlosen Blick der Jugend, kalt und ohne Mitleid, weil es an Erfahrungen und eigenen Niederlagen fehlt, die dem Verständnis für das Unglück vorangehen.

An ein Gespräch mit ihm – vielmehr eine Standpauke – erinnere ich mich gut, es beschämt mich bis heute mehr als alles andere. In meiner Arroganz fühle ich mich ihm, der zerstört und verunsichert ist, überlegen, und in der Eitelkeit sonne ich mich, als ich ihn an diesem Abend zurechtweise, ihm meine Welt, meine Prinzipien, sein Fehlverhalten, sein Scheitern in einfachen und dummen Worten erkläre. Wir glauben damals, dass er nicht mehr lange leben wird. So exzessiv ist sein Wunsch, der Realität zu entfliehen, so klein seine Hoffnung, dass Umstände veränderbar sein könnten. Ich missbrauche meine kleine Macht, bin unfähig, einem Schwächeren die Hand zu reichen, und bin mir meiner Schuld noch nicht einmal bewusst. Meine Schäbigkeit erkenne ich nicht, weil ich wütend und verzweifelt bin und mich für unbesiegbar halte. Vaters unerwartete Genesung bringe ich wenigstens nie mit dieser Litanei in Verbindung.

Dass er es trotz der familiären Missachtung fertigbringt, dem Alkohol schließlich abzuschwören, weiterleben will, rechne ich ihm als große Leistung an. Sein fragiles Temperament, sein Innenleben begreife ich erst, als wir uns 1995 versöhnen. Meine ganze Kindheit hindurch führten wir nie ein Gespräch, das länger als fünf Minuten gedauert hat. Später erst rede ich mit ihm und stelle hundert Fragen. Entgegen meiner Befürchtung reagiert Vater auf mein Interesse mit Offenheit und Ehrlichkeit. Wir bringen Ordnung in unsere Beziehung. Auch die Ehe der Eltern verändert sich im Alter positiv. Meine Mutter, befreit von der Hektik des Alltags, und mein Vater, gereift und geschätzt jetzt, gehen als Pensionierte näher aufeinander zu als in den vorangegangenen fünfzig Ehejahren, die sie in eiserner Umarmung verbracht haben. In der Zwischenzeit sind meine Eltern leider verstorben, was bleibt, sind die guten Erinnerungen.

Aber als Jüngling beschleunigt und beflügelt das schlecht erfüllte Leben meines Vaters meine eigenen Träume, den Erlebnisdrang und meine Ziele, man könnte sagen: Er ging als schlechtes Beispiel voran. Allerdings, so merke ich bald, haben meine hochtrabenden Vorstellungen von der Zukunft wenig mit der Realität zu tun. Als sich das dritte Sekundarschuljahr dem Ende zuneigt, müsste ich mich für eine Berufsrichtung entschließen. Ich bin unentschlossen und zu sehr mit meinem

Privatleben beschäftigt. Dieses dreht sich um mein verchromtes und frisiertes Moped sowie um das Aushecken von Strategien, wie ich das hübscheste Mädchen von Dottikon verführen könnte, ohne es danach heiraten zu müssen. Meine Mutter hält sich nicht mit Ermahnungen auf, sondern nimmt – wie immer – das Zepter in die Hand, lässt ihre weitverzweigten Kontakte spielen und eröffnet mir mit Unschuldsmiene, sie habe mir eine Lehrstelle organisiert. Als Koch. Im »Salmen«.

Wanderjahre

Beim Restaurant Salmen handelt es sich um ein exklusives Gourmetlokal. Es liegt in einer nicht weit entfernten Stadt, und zusammen mit dem Lehrvertrag glaube ich den Passierschein für ein selbständiges Leben zu erhalten, das mit dem Bewohnen eines eigenen Zimmers im Lehrlingshaus des Betriebs verbunden ist. Die einzige Sorge, die mich umtreibt, betrifft die Anzahl Arbeitsstunden, die ich zu leisten habe. Gewohnt, über viel Freizeit zu verfügen, erscheint mir diese Frage zentral. Sie wird in den kommenden Jahren so unwichtig wie anderes, was mir bis anhin normal schien. In meinem ganzen Leben war ich noch nie in feste Strukturen eingebunden, und mein fanatischer Ehrgeiz konzentrierte sich bisher einzig und allein auf die waghalsigen Aktionen mit meinen Kameraden, die meist nach meinen Vorgaben durchgeführt wurden. Pünktlichkeit, Ordnung und Disziplin sind damals Fremdwörter für mich, Autoritäten hinterfrage ich grundsätzlich. Verbote und Bestrafungen kenne ich nicht. Gewohnt, als klügster und originellster Sprössling im ganzen Kanton Aargau zu gelten, werden meine Leistungen zu Hause nicht infrage gestellt und somit auch nicht beurteilt. Zusammen mit dem Umstand, dass ich aus einem gastronomisch urchigen Umfeld stamme, bei dem das mit Kräuterbutter bepinselte und im Ofen geschmorte Stubenküken bereits als höhere Kulinarik gilt, ist meine Erfahrung als Lehrling in der gehobenen Gastronomie vor allem etwas: eine Schocktherapie.

Die Vermittlung jener Werte, die in unserer Familie untergingen und meinen antiautoritären Lehrern als unwichtig galten, bringt mir nun ein anderer bei: der Chef. Von einem Neun-Stunden-Arbeitstag oder dem Einhalten von Ruhestunden hält er ebenso wenig wie von Widerspruch jeglicher Art. In der Küche sind alle Angestellten zu absolutem Schweigen verpflichtet, und auf seine im Befehlston vorgebrachten Anweisungen wird nur eine Antwort toleriert: »Ja, Chef.« Mein anfängliches Aufbegehren quittiert er jeweils mit einem eiskalten Blick und dem immer gleichen Gebrüll: »Du hältst den Mund und redest erst wieder, wenn du gefragt wirst.« Ich bin baff. Der Chef, so stellt sich bald heraus, findet mich alles andere als toll, das ist eine komplett neue Erfahrung für mich. Ebenso der durchstrukturierte Tagesablauf, die mir unsinnig erscheinenden Regeln und das knochenharte Arbeitstraining, das er mir und allen anderen auferlegt. Wir schuften bis zum Umfallen, in unerträglicher Hitze und befeuert von den drei Lieblingswörtern unseres Gebieters: falsch, ungenau, unbrauchbar.

In den ersten Wochen rüste und hacke ich ausschließlich Gemüse. Was in unserer Beiz als ganze Karotten und halbierte Kartoffeln auf den Tellern der Gäste landet, hat im exklusiven »Salmen« andere Kriterien zu erfüllen. Ich muss Zehntausende von winzigen Würfelchen schneiden, und wenn der misstrauische Chef bei seiner liebsten Beschäftigung – unserer Kontrolle – ein Exemplar entdeckt, das ein wenig größer als vorgeschrieben ist, fliegen Holzlöffel und Pfannen durch die

Küche. Später müssen Dutzende von Rezepturen auswendig gelernt werden, sie bestehen zum Teil aus bis zu dreißig verschiedenen Arbeitsschritten, und manche Zutaten müssen mit der Briefwaage abgemessen werden. Improvisation? Kreativität? Null.

Fanatischer Ordnungswille und ein Hang zur Pedanterie treiben den Chef um: Die Messer haben nach Art und Länge der Klingen an der Wand zu hängen, die Töpfe und Pfannen müssen stundenlang auf Hochglanz poliert werden, sodass sie auch noch nach zehn Jahren wie neu aussehen. Pünktlichkeit und Reinlichkeit werden hoch bewertet. Obwohl sich jede Woche ein Dutzend unbezahlter Überstunden ansammeln, kann eine Minute Verspätung ebenso eine Szene auslösen wie eine auf der Theke liegen gebliebene Gurkenschale. Zuerst will ich meine sieben Sachen sofort packen und in mein privilegiertes Dasein als maßlos verwöhntes Ostersonntagskind zurückkehren. Eine abfällige Bemerkung meines Schwagers, der Zweifel daran äußert, dass ich die Lehrzeit durchhalten werde, kommt mir im richtigen Moment zu Ohren. Trotzig beschließe ich, diese Jahre hinter mich zu bringen und danach keinen einzigen Tag als Koch zu arbeiten.

So unsanft, wie ich auf dem Boden der Realität lande, so schnell rapple ich mich allerdings auch wieder auf, und bald konzentriere ich mich auf die schönen Momente, die es – außerhalb der Küche – durchaus gibt. Dabei schaffe ich mir intuitiv, was ich heute auch meinen unter Druck stehenden Seminarteilnehmern predige: ein eigenes kleines Universum mit Privilegien und geistigen Ruhezonen. Was eigenartig klingt, funktioniert: In der Zimmerstunde setze ich mich oft erschöpft und verärgert an den nahen Waldrand, beobachte einen Ameisenhaufen, konzentriere mich auf interessant geformte Baumrinden oder farbenprächtige Blätter und kehre frisch gestärkt in die Höhle des Löwen zurück. Auch Drill, auferlegte Disziplin und starre Strukturen fordern mich zu meinem eigenen Erstaunen bald heraus und animieren mich zu Leistungen, die sogar dem Chef hin und wieder ein knappes »Das ist okay« entlocken.

Was ich bei meinen eigenen Kindern später als Erziehungsmethode ablehne, nämlich, dass sie nach den ausschließlichen Vorstellungen der Erwachsenen leben und handeln müssen, erscheint mir in meiner neuen Welt exotisch und neu. Zähneknirschend akzeptiere ich, dass es im Leben offenbar Anforderungen, Beurteilungen und unumstößliche Regeln gibt, nicht etwa, weil diese besonders sinnvoll wären, sondern weil derjenige, der sie ausspricht, die Macht hat, seine Wahrheit zum allgemeingültigen Wert zu erklären. Hätte uns der Chef mitgeteilt, wir dürften die Küche fortan nur noch im Handstand durchqueren, wäre es mir gegen das Ende meiner Lehrzeit nicht einmal in den Sinn gekommen, diesen Befehl zu hinterfragen.

Nach drei Jahren weiß ich, dass ich mich auch außerhalb meiner Fantasiewelt anzupassen und durchzusetzen weiß, und stelle meinen Ehrgeiz in einem erwachsenen Umfeld tagtäglich unter Beweis. Die Fremdbestimmung, die Unterordnung, werde ich aber so schnell als möglich hinter mir lassen, und einer meiner Lieblingssätze stammt ebenfalls aus dieser Zeit: »Hat man keine eigenen Ziele, arbeitet man für jemanden, der Ziele hat.«

Noch in der Ausbildung fasse ich den Entschluss: Ich will Hotelier eines Fünf-Sterne-Hauses werden, Karriere machen, viel Geld verdienen. Der Drang, den Überfluss des Lebens in vollen Zügen auszukosten, viel zu erleben, interessante Begegnungen zu machen und so viele magische Momente wie möglich zu erleben, treibt mich an. Als Durchschnittstyp sehe ich mich keineswegs. Obwohl mir in den vergangenen Jahren die Flügel zurechtgestutzt und mir manch mangelndes Talent vor Augen geführt worden ist, weiß ich mit einer Bestimmtheit, die nun mehr als reine Selbstüberschätzung ist, wo meine Stärken liegen: motivieren, koordinieren, delegieren. Meine Laufbahnplanung ist auf acht Jahre ausgerichtet, dann will ich meine unbescheidenen Wünsche realisiert wissen.

Während andere Jugendliche im fernen Zürich Anfang der 1980er-Jahre den Aufstand proben, sich wilde Straßenschlachten mit der Polizei liefern, den millionenschweren Umbau des Opernhauses torpedieren, sich für mehr Autonomie und gegen das Establishment wehren, funktioniere ich nach dem unpolitischen Lustprinzip. Die Diskussionen rund um das autonome Jugendzentrum ebenso wie die hitzigen Debatten zum marxistischen Wiederaufbau erscheinen mir weltfremd, ohne Chancen auf Erfolg oder Spaß, beides bringe ich zu diesem Zeitpunkt ausschließlich mit einer klassischen Karriere und einem hedonistischen Lebensstil in Verbindung. Allerdings bewundere ich bereits in jungen Jahren Menschen, die ihre Ideale – und seien sie noch so aberwitzig – verteidigen, die für ihre Überzeugungen eintreten und negative Konsequenzen nicht fürchten. Im Fall der Krawall-Demonstranten bedeutet es, dass sie durch Gummigeschosse verletzt, kurzerhand verhaftet und zu Staatsfeinden erklärt werden. Mein Abgrenzungswille gegenüber der bürgerlichen und kapitalistischen Gesellschaft hält sich dennoch in Grenzen, auch weil mein liberales Elternhaus diesbezüglich ein schlechtes Feindbild abgibt und ich im Umstand, viel Geld zu verdienen, nichts Negatives sehen kann.

So ähnlich verhält es sich mit dem zweiten großen Thema der 1980er-Jahre: den Drogen. Seit ich aus dem unverschlossenen Tabakschrank meiner Eltern eine Zigarre entwendete und auch der Alkohol in der Gaststube immer frei zugänglich war, reizt mich der Umgang mit verbotenen Substanzen nur wenig. Unzählige aus meiner Generation werden heroinsüchtig, der Zürcher Platzspitz gelangt zu internationaler Berühmtheit, zum traurigen Zeugnis einer verfehlten Drogenpolitik, aber auch zum Symbol einer Jugend, der es materiell besser geht als den Generationen zuvor. Junge Menschen, die keine Kriege mitmachen mussten, Schulen besuchen und Ausbildungen absolvieren durften; vor denen eine hoffnungsvolle Zukunft liegen könnte und die dennoch keinen Lebenssinn finden. Es mangelt mir nicht an Empathie für die Unglücklichen, aber so wie ich meine Zufriedenheit in verschiedenen Phasen meines Lebens immer wieder aufs Neue verteidige, versuche ich auch, jenen Risiken, die mein Wohlbefinden gefährden könnten, dezidiert aus dem Weg zu gehen.

Einfacher gesagt als getan? Glück gehabt? Vielleicht. Aber nicht nur. Verlorene Gestalten sind auch in der Gaststube meiner Mutter zahlreich anzutreffen, und die hundertfach erzählten Leidensgeschichten kenne ich auswendig. Unter diesen Menschen gibt es natürlich solche, die von einem plötzlichen

Schicksalsschlag erschüttert werden, unter psychischen Problemen oder körperlichen Beeinträchtigungen leiden. Andere scheinen sich jedoch beinahe freiwillig und gemütlich in ihrem Unglück einzurichten, ohne Kraft und ohne Willen, an diesem Zustand etwas zu ändern. Leid, Unglück und künstlerisches und intellektuelles Schaffen stünden, so heißt es, in enger Beziehung zueinander, und wer glücklich sei, schaffe nichts Großes. Unfähig oder unwillig, komplexe Zusammenhänge wahrzunehmen, die dunklen Ströme des eigenen Innenlebens ignorierend, haftet den Optimisten Naivität an, der Unwille auch, das Negative sehen zu wollen. Man muss das eine nicht gegen das andere ausspielen. Aber die meisten Menschen können frei wählen, welchen Weg sie einschlagen wollen.

Um meinem Traum einen Schritt näher zu kommen, will ich nach dem Lehrabschluss die Rekrutenschule besuchen, anschließend eine Kellnerlehre machen, um danach die Hotelfachschule zu absolvieren, die ich im Schnelltempo – das heißt mindestens zwei Jahre früher als meine Schulkollegen – abschließen will. So lautet der ambitionierte Plan.

Mein neuer Arbeitsort, das »Waldhaus« in Sils-Maria, eröffnet mir eine neue Welt. Das in der vierten Generation geführte Zweihundertvierzig-Betten-Haus wird als Familienbetrieb geführt und verfügt über einen schlossartigen Charme. Man schuldet der Vergangenheit einiges und nimmt diese Aufgabe ernst, indem man weder in unnötige Modernität noch in sinnlose Prasserei verfällt. Das antike Mobiliar ist seit hundert Jahren unverändert. Es gibt einen Ballsaal mit einem intarsienverzierten Parkett. Der Esssaal ist durch riesige Glastüren vom übrigen Betrieb abgetrennt. In der Bar und im Leseraum treffen sich die Gäste zu Cognac, feinen Zigarren und wohltemperierten Debatten zum Weltgeschehen. Mit großen Wedeln aus echten Straußenfedern wird abgestaubt, das dunkle Holz der Möbel und Wände wird gewachst und gepflegt. Es gibt Angestellte, die nur für das Polieren der Messingtreppengeländer, Türschilder und diversen Klingelknöpfe zuständig sind, mit denen unzählige gute Geister – Kofferträger, Zimmerdamen, Servicepersonal – zu jeder Tages- und Nachtzeit herbeigerufen werden können. Die etwas schwerfälligen Arbeitsabläufe werden ebenso wie die Hierarchien eingehalten, und von Neuerungen aller Art hält die Direktion nichts. Alles läuft wie am Schnürchen, nie fällt ein lautes Wort zwischen den Angestellten und ihren Vorgesetzten. Kapriziöse oder komplizierte Gäste – einige leben monatelang im Hotel – behandelt man mit endlosem Respekt und Höflichkeit.

Der Umgang mit den hier residierenden Herrschaften ist zurückhaltender als in der Gaststube meiner Mutter, in der sich alle kennen, man per du ist und der Lärmpegel ab zweiundzwanzig Uhr ohrenbetäubende Ausmaße annimmt. Aber die Bedürfnisse der Gäste sind weniger unterschiedlich, als man denken könnte. Wenn es darum geht, ihnen den Aufenthalt – in der urchigen Beiz ebenso wie im eleganten Grandhotel – so angenehm wie möglich zu machen, kann ich auf die diplomatischen Prinzipien meiner Mutter zurückgreifen: Geduldiges Zuhören und »Jasagen« tragen maßgeblich zum harmonischen Kontakt bei.

In der Ruheoase Sils-Maria wird tunlichst auf Hektik und Opulenz verzichtet. Seit Jahrzehnten ist das gleiche Trio für die musikalische Unterhaltung zuständig; die altmodische

Tanzveranstaltung und das Kuchenbuffet sind das Maximum an vorstellbarer Ausschweifung und Schlemmerei. Die gebügelten Servietten werden jenen Gästen, die das Haus mehrere Monate pro Jahr zu ihrem Zuhause machen, nicht täglich erneuert. Sie stecken perfekt gefaltet in handbeschrifteten Papiermanschetten, und angebrochene Wasserflaschen stehen am nächsten Abend erneut auf dem Tisch. In Sils-Maria lerne ich Kristallkaraffen, schweres Silberbesteck, erlesenes Porzellan kennen und bin bald mit sämtlichen Finessen der Tischkultur ebenso wie mit Fragen der allgemeinen Etikette bestens vertraut.

Hermann Hesse und Thomas Mann gingen hier ein und aus, und als uniformierter Kellner werde ich nun Zeuge, wenn Figuren wie Friedrich Dürrenmatt durch den schattigen Park schlendern. Wenig später sitzen er und seine Frau Charlotte Kerr an einem der gedeckten Tische, denen ich als Weinschenk vorstehen darf. So komme ich zum ersten Mal direkt mit einer großen Persönlichkeit in Kontakt und bin sofort elektrisiert. Auch weil sich der bekannte Autor von »Der Richter und sein Henker« als großzügiger Genussmensch erweist, was sich auch positiv auf mein Trinkgeld niederschlägt. Allein die Rechnung für edle Tropfen und feine Brände beläuft sich auf vierhundert Franken, was mir damals wie ein Vermögen erscheint, da dieser Betrag in etwa der Hälfte meines Monatsgehalts entspricht. Der Schwiegersohn der Besitzerfamilie avanciert zu meinem Vorbild, und er muss in mir, dem immer noch selbstbewussten und energiegeladenen Schnösel, Potenzial erkannt haben, denn er wird in den folgenden Jahren zu meiner wichtigsten Stütze.

Nach dem zweiten Lehrabschluss zieht es mich aus der Bergwelt weg. Aber zuvor umreiße ich meine mittelfristigen beruflichen Ziele. Im Abschiedsgespräch unterbreite ich meinem Mentor, dass ich nach einigen Jahren ins »Waldhaus« zurückkehren werde – um seinen Job als Personalchef zu übernehmen. Trotz dieser Frechheit wirft er mich nicht etwa aus dem Büro, sondern entgegnet: »Wieso eigentlich nicht?« Eine Antwort, die man im heutigen Jugendjargon vermutlich als »megacool« bezeichnen würde. Der Chef entlässt mich mit den Worten: »Schick zwischendurch eine Postkarte und schreib, was du alles erreicht hast.«

Die zweite Karte, die ich nach Sils-Maria schicke, zeigt die Côte d'Azur in grellem Sommerlicht. Im Vordergrund der Szenerie das, was mich zu der Zeit am meisten beschäftigt: farbige Drinks, hübsche Mädchen und ein Badetuch mit der Aufschrift »Fun«. Die Monate zuvor versandte erste Ansichtskarte zeigte hingegen eine Dorfkirche, am grauen Horizont zeichneten sich Bäume auf einem freien Feld ab. An den Text erinnere ich mich noch gut: »Bald bin ich Offizier! Hochachtungsvoll, Ernst Wyrsch«.

Tatsächlich absolviere ich nach der Kellnerlehre die Unteroffiziersschule, bekomme sieben müde und schlecht gelaunte Soldaten unterstellt, verspüre jedoch den dringenden Wunsch, auch noch Offizier zu werden. Man beschert mir, die Chancen stünden schlecht. Es gebe Dutzende von Mitbewerbern, die über bessere Voraussetzungen verfügten: Hochschulabschlüsse, Aussichten auf eine akademische Laufbahn, Führungskompetenzen im zivilen Alltag. Zum zweiten Mal in meinem Leben packt mich aufgrund von Widerständen der

Ehrgeiz. Meine Hauptmotivation ist diesmal die Neugierde. Mich treibt die Frage um, wie demotivierte Menschen – die mir als Unteroffizier unterstellten sieben Männer – zu Höchstleistungen animiert werden können. Auf dem Feld lerne ich, über zwei Führungsstufen zu leiten, und dabei erkenne ich, was nicht funktioniert, auch im Geschäftsalltag nicht: Druck ausüben, drohen, bestrafen. Die Bereitschaft zu mehr Leistung kann allein über das Belohnungsprinzip geweckt werden, und im Militär bedeutet das: mehr Schlaf, mehr Zigarettenpausen, mehr Ausgang. Bereits nach kurzer Zeit absolvieren meine Männer ohne zu murren Nachtmärsche und andere Zusatzübungen und übertreffen sogar die hoch gesteckten Vorgaben meiner Vorgesetzten. Meine Gruppe leistet mehr, weil sie mehr Privilegien genießt, und ich erhalte ebenfalls, was ich will: den Vorschlag zum Offizier.

Natürlich versäume ich es nicht, in den folgenden Jahren auch andere Erfolge nach Sils-Maria zu melden. Für die Côte d'Azur als Arbeitsort entscheide ich mich, weil es mir gänzlich an Fremdsprachen fehlt. Um meinen Berufstraum »Hotelier in einem Fünf-Sterne-Haus« zu verwirklichen, muss ich Englisch und Französisch können. Schweren Herzens entscheide ich mich, mich der schwierigeren Herausforderung zu stellen. Französische Konjugationen und andere grammatikalische Finessen waren mir bereits in der Sekundarschule verhasst und interessierten mich noch weniger als die »Stricklektionen«, zu denen die Jungen im Zuge feministischen Gedankenguts verdonnert wurden. Dies führte zur misslichen Situation, dass ich als Zweiundzwanzigjähriger außer »oui« und »non« nichts verstehe und mich auch nicht äußern kann. Davon wissen jene nichts, die mir eine Stelle als »Chef de Bar« in einem mittelgroßen, schicken Stadthotel in Nizza vermitteln. In der festen Überzeugung, dass das mühsame Erlernen der Fremdsprache nun mit Vergnügungen jeglicher Art in Verbindung steht, trete ich meine Stelle an. Die diesbezüglichen Hoffnungen werden nicht enttäuscht. Wenn ich an die folgenden zwei Jahre denke, ziehen ein tausendmal geschüttelter Cocktailbecher, ebenso viele betrunkene Gäste und eine Parade hübscher Mädchen in knappen Bikinis an meinem geistigen Auge vorüber. Kein Wunder: Nach zwei Jahren spreche ich die Sprache fließend. Englisch lerne ich später dank Sylvia – nicht weniger lustvoll und ebenso schnell.

Sylvia

Meine Ansichten zu den Geschlechterverhältnissen sind zu diesem Zeitpunkt traditionell, um nicht zu sagen: haarsträubend konservativ. Die Komplexität der weiblichen Seele kenne ich nicht, und obwohl Diskussionen um Emanzipation und Gleichberechtigung auch in Dottikon geführt werden, begeistert mich nur eine der damit in Verbindung gebrachten Forderungen wirklich: der Ruf nach sexueller Befreiung. Auf dem geistigen Reißbrett zeichne ich eine Traumfrau, die meinen dreidimensionalen Ansprüchen genügen muss, und von meinen Erfahrungen, dass die hübschesten Frauen jene sind, die am meisten Aufmerksamkeit, Zeit und Nerven erfordern, lasse ich mich nicht abschrecken, im Gegenteil.

Heute verweise ich solches Denken in die Kategorie »männliche Dummheit«, aber in ganz jungen Jahren finde ich das attraktive Äußere einer Frau weitaus interessanter als ein hübsches Inneres, das ich nicht unter allen Umständen ergründen muss, um ein langbeiniges blondes Wesen toll zu finden. Monogamie und andere Einschränkungen, die mit einer Beziehung einhergehen könnten, sind für mich schlicht unvorstellbar, aber da ich diese Überzeugung im Umgang mit dem anderen Geschlecht wohlweislich nicht ausspreche, allerdings ausgiebig danach handle, bleibt manches Drama nicht aus. Diese meist kurz und stürmisch verlaufenden Beziehungen zeigen mir irgendwann auch, was ich nicht will. Jede Form der Unterordnung führt bei mir zu ungnädigen Reaktionen, und obwohl ich sie durch mein Verhalten den Frauen gegenüber geradezu provoziere, wünsche ich mir insgeheim etwas ganz anderes: eine wunderschöne, aber auch kluge und selbstbewusste Partnerin, die es mit mir aufnehmen kann.

Es gibt ein Leben vor meiner Begegnung mit Sylvia, meiner großen Liebe, und eines danach. Was ich mir in den Jahren zuvor schlicht nicht vorstellen kann, nämlich sesshaft zu werden, treu zu sein, Verantwortung zu übernehmen, macht mit Sylvia zusammen Sinn. An unser erstes Zusammentreffen in der Aula der Hotelfachschule erinnere ich mich, wie wenn es gestern gewesen wäre. Ein Mädchen mit langem blondem Haar und dem schönsten Lachen der Welt setzt sich in unsere Bank und stellt sich mir und meinem mir unbekannten Sitznachbarn vor. Ich nenne meinen Übernamen: »Aschi.« Der andere hängt an: »Und ich bin der Baschi.« Das atemberaubende Geschöpf mustert uns amüsiert. Wie sie mir viel später erzählt, hielt sie uns für ein homosexuelles Paar.

Sylvia, eine Hotelierstochter mit amerikanischem Pass, die in Amsterdam und Florida aufgewachsen ist, gehört bald zu unserer eingeschworenen Clique. Wir ziehen um die Häuser, feiern und debattieren nächtelang. Sylvia wird zu meiner besten Kollegin. Sie steckt ebenso wie ich in einer Beziehung, aber im Gegensatz zu mir scheint sie hundertprozentig treu zu sein. Ihre Gradlinigkeit, die positive Ausstrahlung, die zierliche Gestalt, das bildhübsche und kluge Gesicht: Sie ist etwas Besonderes.

Nach dem Abschluss der Hotelfachschule, den ich tatsächlich zwei Jahre früher in der Tasche habe als alle anderen, mache ich meine Drohung wahr und melde mich bei meinem ehemaligen Arbeitgeber im »Waldhaus« in Sils-Maria. Und tatsächlich: Mein Mentor engagiert mich sofort als seinen Nachfolger. Sehr motiviert trete ich meine Stelle an, arbeite Tag und Nacht und nutze meine Position, um Sylvia einen Job im »Waldhaus« zu vermitteln. Nun ist sie tagtäglich in meiner Nähe. Noch immer in Florida liiert, kämpft sie mit dieser chaotischen Beziehung, vertritt allerdings klare Werte, und dementsprechend handhabt sie auch Probleme und Krisen.

Unterdessen bin ich komplett in dieses selbstbewusste, charakterstarke und wunderbare Mädchen verliebt. Sie ist einundzwanzig, ich bin vier Jahre älter. Obwohl mir Sylvia zu verstehen gibt, dass sie mich mag, weiß ich, dass sie sich niemals auf etwas Neues einlassen wird, ohne zuerst die Vergangenheit zu regeln. Ausgeklügelte Strategien und fantasievolle Umwerbungsaktionen – in beiden Bereichen bin ich Spezialist – bringen nichts, wie ich schnell begreife. Mir bleibt nichts anderes übrig, als abzuwarten. Erfolgsgewohnt und von ungestümem Temperament, fällt mir das schwer. Dass ich dranbleibe, mich gedulde und bereit bin, den Schmerz der Ungewissheit auszuhalten, zeigt mir, wie sehr ich Sylvia will.

Als sie für einen längeren Aufenthalt in Florida weilt, schreibe ich ihr beinahe jeden Tag ausführliche Briefe. Meine Sehnsucht formuliere ich nicht, aber sie muss ahnen, dass mein Interesse ernsthaft ist. Ich spüre es auch, zum ersten Mal in meinen Leben mache ich so etwas wie eine Liebeskrise durch, und beinahe noch erstaunlicher: Alle anderen hübschen Mädchen, die mich trösten könnten, sind plötzlich Luft für mich, weil sie meiner Angebeteten niemals das Wasser reichen können. Als ich mich im Winter 1988 mit einer Reise zu meinen Freunden in Hawaii aufmuntere, schicke ich Sylvia eine Weihnachtskugel, und anstelle von weißen Schneeflocken wirbeln darin Sandkörner und eine winzige Santa-Claus-Figur mit Sonnenbrille, die auf einem Surfbrett durch den Hohlraum zu flitzen scheint. Sie bedankt sich telefonisch und berichtet so unvermittelt wie schnörkellos von der Beendigung ihrer Beziehung. Innerlich jubelnd, lade ich sie sofort nach Atlanta ein, wo ich mich unterdessen aufhalte, und tatsächlich reist Sylvia mit dem nächsten Flugzeug an.

Wir verlieben uns mehr als nur stürmisch, und an die folgenden Monate erinnere ich mich wie an einen Traum. Vollkommen auf uns konzentriert, wird alles andere nebensächlich, wir sind damit beschäftigt, die Welt mit den Augen des anderen kennen zu lernen, bis sich alles Fremde auflöst, und erst Monate später landen wir sanft auf dem Boden der Realität und stellen fest: Aus der Verliebtheit ist mehr geworden. Wir sind eins. Niemand war meinem Herzen jemals näher als Sylvia. Im sicheren Wissen, füreinander geschaffen zu sein, im Willen, alles miteinander zu teilen und jeder Krise standzuhalten, verloben wir uns wenige Monate später. Die Märchenhochzeit im Jahr 1989 ist eine meiner liebsten Erinnerungen: Eine Kutsche mit weißen Pferden fährt uns nach der Trauung ins »Waldhaus« in Sils-Maria. Sylvia ist meine Prinzessin, und genauso sieht sie auch aus. Zum riesigen Bankett, das im Festsaal des altehrwürdigen Hauses abgehalten wird, laden wir hundert Gäste ein, darunter alle unsere Freunde und sämtliche Familienmitglieder. Ähnlich wie die hübschen Dekorationsfiguren auf der mehrstöckigen, mit Hunderten von Zuckerblüten verzierten Torte gelten wir als attraktives Traumpaar, vor dem eine verheißungsvolle Zukunft liegt.

Wir sind auch beruflich ein Dream-Team. Aus dem Umfeld der Gastronomie und der Hotellerie stammend, verfügen wir beide über die gleichen Qualifikationen, die uns als »eidgenössisch diplomierte Hoteliers« ausweisen. Obwohl wir uns als Zugvögel verstehen, die niemals für immer an einem Ort verweilen möchten und eigentlich nach Amerika auswandern wollen, bewerben wir uns als frisch verheiratetes Direktorenpaar bei verschiedenen Häusern. Aufgrund unseres jugendlichen Alters rechnen wir uns keine großen Chancen auf Erfolg aus. Nach unerfreulichen Umwegen bewerben wir uns in Zuoz, im sagenumwobenen Alpen-Schlosshotel Castell. Zu unserer großen Überraschung werden wir engagiert.

Das Traumobjekt im Engadin ist beinahe ein Gesamtkunstwerk. Die Zimmer sind lichtdurchflutet und mit auserlesenen Designmöbeln sowie modernen Kunstobjekten ausgestattet. Nostalgische Erinnerungen an die Entstehungszeit, als der Schweizer Tourismus gegen Ende des 19. Jahrhunderts nach dem Ausbau des Eisenbahnschienennetzes zu einem Höhenflug ansetzte, sind hier nicht zu finden. Trendy und sehr luxuriös wird ein jüngeres und urbanes Publikum angesprochen, das in der Bergwelt weder Rustikalität noch ausschließlich sportliche Betätigung sucht und mit dem antiquierten Charme anderer traditioneller Grandhotels nicht viel anzufangen weiß. Ebenso locker und entspannt wie die Atmosphäre im »Castell« ist der Umgang der neuen Klientel mit dem Geld.

Es sind die frühen 1990er-Jahre: unbeschwert und hedonistisch, aber auch kreativ und amüsant. Als jugendliches Hotelierpaar starten wir in der besten Zeit, und wir erhalten in der Gestaltung des Betriebs freie Hand, führen unzählige Neuerungen ein, und beinahe jeder verrückte Einfall darf bald ohne Rücksprache mit dem Besitzer – dem Glarner Großmetzger Lukas Kunz – umgesetzt werden. Anfänglich befinden wir uns in einem Glückstaumel, frisch verheiratet und vernarrt ineinander, kommen die berufliche Erfüllung und der große Erfolg dazu. Dass eine Medaille immer zwei Seiten hat, wird uns bald einmal bewusst. Meine Frau und ich leben und arbeiten nun vierundzwanzig Stunden pro Tag zusammen, und schneller, als uns lieb ist, kehrt in vielen Belangen Routine ein. Die Sehnsucht nacheinander und die Spannung gehen im ständigen Beisammensein verloren. Und weil wir über die gleichen beruflichen Kompetenzen verfügen, auch hierarchisch gleichgestellt sind, müssen wir alles miteinander verhandeln. Immer häufiger kommt es zu Auseinandersetzungen: wer für welche Aufgaben zuständig ist, wer Entscheidungen fällen darf, wer besser, erfolgreicher, beliebter ist, wer sich in den Vordergrund drängt, Chefallüren an den Tag legt, rücksichtslos gegenüber den Gefühlen des Partners agiert.

Die vierundzwanzigjährige Kodirektorin begegnet mir stets auf Augenhöhe, lässt auch niemals zu, dass ich die Beziehung dominiere, wehrt sich mit Händen und Füßen für ihre Rechte als Berufsfrau und legt damit – was ich erst viel später realisiere – den Grundstein für eine gleichberechtigte Beziehung, die viele Jahrzehnte dauern wird. Wir lieben uns über alles, diese Frage steht nicht zur Debatte. Aber jene innere Entfernung, die sich aus den unbeantworteten Fragen und Konflikten ergibt, ist schmerzhaft, bereits nach zwei Jahren sind wir beide ernüchtert und ahnen, dass wir etwas verändern müssen, wenn diese Ehe Bestand haben soll.

Welche Umstände die Beziehung belasten, wissen wir genau. Einander kampflos aufzugeben, ist schon damals keine Option, also diskutieren wir nächtelang und fällen eine gemeinsame Entscheidung. Wir wollen die Aufgabenbereiche in Zukunft klar abgrenzen und sind uns einig, dass es fortan nur noch einen Chef gibt: Dieser soll sämtliche Anliegen des Betriebs nach außen vertreten und somit auch im Rampenlicht stehen. Bei der Entscheidung, wer diesen Part verantworten darf, steht eine Überlegung im Vordergrund: Unser großer Wunsch sind Kinder. Während ich mit Liebe, jedoch ohne Strukturen und Routinen aufwuchs, das gemeinsame Familienleben bei den Wyrschs schlicht inexistent war, weiß ich, dass meine Frau in dieser Hinsicht wenig dem Zufall überlassen will und auch nicht im Sinn hat, auf Traditionen, ob schweizerischen oder amerikanischen Ursprungs, zu verzichten. Den Nachwuchs wird Sylvia nicht nach zufälligen Prinzipien hegen und pflegen. Sie wird unsere Kinder mit Fürsorglichkeit und Verantwortungsgefühl erziehen und sich im Detail mit verschiedenen pädagogischen Ansätzen auseinandersetzen, wofür sie Zeit investieren möchte. Und so zeichnet meine Frau künftig für den gesamten Backstage-Bereich verantwortlich. Der damit verbundene flexible Arbeitsalltag kann an die künftige Kinderbetreuung angepasst werden.

Ihre Aufgaben sind ebenso vielfältig und anstrengend wie meine, beschränken sich von nun an aber auf die Tätigkeiten im Hintergrund: das Reservationswesen, den Empfang, die Beaufsichtigung von Portiers und Chauffeuren, Housekeeping, Lingerie, die Organisation der Blumen und Dekorationen. Mein Aufgabenbereich korrespondiert durchaus mit meinem extrovertierten Wesen und meinen Ambitionen: Das Marketing, die Beziehungen zu den Geschäftspartnern, den Besitzern des Hotels, den Gästen und dem Dorf gehören dazu sowie der gesamte Food-Beverage-Bereich.

Unsere Liebe wird durch diese Entscheidung gestärkt, die Partnerschaft gerät in ruhigere Gewässer, 1992 und 1994 kündigen sich unsere Wunschkinder Sandro und Jessica an. Wir sind in den folgenden Jahren beinahe wunschlos glücklich. Mühelos entwickelt sich der Hotelbetrieb, genauso wie Tochter und Sohn unter den Fittichen meiner Frau prächtig gedeihen. Wir sind Anfang dreißig, haben Verantwortung und Erfolg, verdienen sehr gut, führen ein spannendes und etabliertes Leben und sind in der Gemeinde bestens integriert.

Karrieretechnisch haben wir bereits viel erreicht, und nach einigen Jahren fragen wir uns, wo die Herausforderungen der nächsten Jahrzehnte liegen könnten. Von Kindesbeinen an war Sylvia immer auf der Durchreise, lebte selten mehr als ein paar Jahre am selben Ort, jedoch fast immer in warmen Gefilden, in der Nähe zum Wasser. Braun gebrannt, mit strohblondem Haar, in wechselnder Strandbekleidung und mit diversen Sportgeräten unter dem Arm: Solche Fotografien zeigen sie dutzendfach als kleines Mädchen, als Teenager und junge Frau. Jetzt sagt sie manchmal im Spaß und weist dabei in Richtung des Zuozer Friedhofs: »Dort unten werden wir einmal begraben sein.«

Bevor sich meine Abenteuerlust und Sylvias Liebe zum Meer zurückmelden, erhalten wir ein sensationelles Angebot: Das »Castell« wird uns zum Kauf angeboten, die Bündner Kantonalbank unterbreitet uns einen Vorschlag, samt günstigem Finanzierungsplan. Ein Zocker und Spieler war ich nie. Die Vorstellung, samt meiner Familie pleitezugehen, weil ich einem verheißungsvollen Angebot nicht widerstehen kann, schreckt mich ab und bewahrt mich in meinem Leben vor mancher Fehlentscheidung. Nächtelang rechnen wir alles durch, wägen Eventualitäten gegeneinander ab und kommen zum Schluss, dass das Risiko in diesem Fall verantwortbar ist. Wir müssen zwar viel Geld aufnehmen, sind aber überzeugt, dass dies die größte berufliche Chance unseres noch jungen Lebens ist. Der Termin beim Notar steht bereits fest, freudig und aufgeregt sehen wird der Unterzeichnung der Verträge entgegen, als uns nur Stunden zuvor telefonisch mitgeteilt wird, man habe einen anderen Käufer an der Hand, der eine Million Franken mehr biete. Mit diesem Angebot können wir unmöglich mithalten, wir würden Kopf und Kragen riskieren, und so platzt der Traum, Hotelbesitzer zu werden.

In den ersten Tagen sind wir am Boden zerstört. Die baldige Erkenntnis, benutzt worden zu sein, damit andere einen besseren Deal unter Dach und Fach bringen können, ärgert mich maßlos. Jahre später wird sich herausstellen, dass auch der ursprüngliche Kaufpreis weit überzahlt gewesen wäre. Doch die ersten Wochen, die der riesigen Enttäuschung folgen, verbringe ich verstimmt und ratlos. Eine Zukunft im geliebten Hotel ist angesichts der neuen Besitzer, aber auch weil man uns übel mitgespielt hat, nicht mehr vorstellbar.

Im Zauberschloss

Es ist einem Zufall zu verdanken, dass ich wenig später Bekanntschaft mit einem Mann mache, dem ich nicht nur das Vorgefallene anvertraue, sondern auch unsere Bereitschaft, eine neue Herausforderung anzunehmen, wie es so schön heißt. Über unsere Arbeit im »Castell« äußert er sich lobend, dann erwähnt er, im Grandhotel Belvédère in Davos sei zurzeit die Direktorenstelle vakant. In meiner Erinnerung handelt es sich beim angesprochenen Grandhotel um einen Riesenbetrieb, der ebenso wie das »Waldhaus« in Sils-Maria im Glanz vergangener Zeiten atmet. Bei der Nennung unseres – rein hypothetisch – neuen Wohnortes Davos seufzt nicht nur meine Frau. Die Kleinstadt im Kanton Graubünden, bekannt für viele Touristen und in den 1980er-Jahren erstellte Betonbauten, die den Dorfkern verwüsten, hat so gar nichts mit dem verträumten Zuoz oder gar Sils-Maria zu tun.

Dennoch brechen wir an einem Vorfrühlingstag im Jahr 1996 auf, um das Objekt inkognito zu inspizieren. Wir verlieben uns sofort in den wunderschönen, aber altertümlichen »Kasten«, der ebenso unter Gästeschwund leidet wie unter mangelnden finanziellen Mitteln, die auch nur die allernötigsten Retuschen und Reparaturarbeiten erlaubt hätten. Der über hundertjährige Palast gleicht bei unserer Visite einem Geisterhaus. Komfort und Luxus fehlen gänzlich, nur die Preispolitik »sehr hoch« scheint man in die Neuzeit gerettet zu haben. Meine Frau und ich sind uns sofort einig. Dieses Hotel wollen wir, und zwar unbedingt. Nach langwierigen Verhandlungen, in denen die Arbeitsbedingungen und meine Autonomie als Chef thematisiert werden, erhalten wir den Zuschlag: Nun sind wir das neue Direktorenpaar eines unvorstellbaren Verlustbetriebs. Unsere Aufgabe sehen wir darin, dem historischen Grandhotel zurückzugeben, was es unserer Ansicht nach mehr als verdient: Schönheit und gesellschaftliche Relevanz, Exklusivität und zahlungskräftige Kundschaft.

Nach wenigen Tagen weiß ich bereits viel über die interessante Vergangenheit meines neuen Arbeitsortes, und gleichzeitig revidiere ich meine Vorurteile gegenüber dem einst legendären Luftkurort Davos, der so eng mit dem Schicksal des »Belvédère« verbunden ist. Bereits im Jahr 1780 entdeckt ein reiselustiger Engländer die Gegend um Davos, und in einem begeisterten Reisebericht lobt er »die gute Luft und die große Ruhe des Bergdorfes«. Achtzig Jahre später folgt der Bau eines ersten Ferienhauses, worauf immer mehr britische Gäste Immobilien kaufen. Die privaten Feriendomizile werden so zahlreich, dass ein eigenes »englisches Viertel« entsteht. Zeitgleich beginnt sich Davos als Kurort für Tuberkulosekranke zu etablieren. Die Lungentuberkulose – auch Schwindsucht genannt – ist in der ersten Hälfte des 19. Jahrhunderts gefürchtet und verläuft in den meisten Fällen tödlich. Die traditionelle Behandlung der Symptome erfolgt hauptsächlich mit Bade- und Molkekuren – die ebenso wenig wie der empfohlene Konsum von grünem Veltlinerwein den gewünschten Erfolg bringen.

Das entscheidende Ereignis findet im Februar 1865 statt, so will es die Legende: Zwei junge deutsche Herren entsteigen an diesem Tag völlig erschöpft einer Postkutsche, die sie in neunstündiger Fahrt von Landquart aus in die Bergwelt bringt. Beide sind lungenkrank und finden in der einzigen beheizbaren Pension der Ortschaft Unterschlupf. Die Wirtin ist über den Besuch außerhalb der Saison allerdings wenig erfreut und verweigert den Gästen ihre Liegestühle. Die wissen sich selbst zu helfen und ruhen, zur Überraschung der Davoser und Davoserinnen, bald auf improvisierten Pritschen mitten in einem Schneefeld: Die »Freiluftkur« ist erfunden. Betreut werden die beiden vom bekannten Landarzt Alexander Spengler, der nach der Genesung seiner Patienten das Potenzial ganzjähriger Luftkuren erkennt und ein erstes Kurhaus mit den typischen, übergroßen Balkonen erbauen lässt, von denen es später unzählige gibt.

Dem Wandel vom Bergdorf zum Luftkurort sind aufregende Architektur, Eisenbahn sowie die Schaffung der modernen Infrastruktur zu verdanken, und bald reisen die Gäste in großer Anzahl nach Davos. Um die meist gut betuchten Angehörigen der aus England stammenden Kranken angemessen zu beherbergen, fehlt es weiterhin an einer passenden Unterkunft. So beschließt ein deutscher Zeitgenosse im Jahr 1874 den Bau eines Hotels, das den gehobenen Ansprüchen der neuen Kundschaft gerecht wird und natürlich im »englischen Viertel« stehen soll: das »Belvédère«. Alte Aufnahme zeigen ein frei stehendes, einfaches Haus. Es verfügt über dreißig Zimmer, in denen die Übernachtung fünf bis zehn Franken kostet. Später wird es mit dem lang gezogenen, weiß getünchten

»Sportbau« verbunden sowie dem glamourösen »Conversationshaus«, unter dessen Kuppeldach fortan das gesellschaftliche und kulturelle Leben pulsiert. Einige tausend Hektar Umschwung ermöglichen die sorgfältige Gestaltung einer prachtvollen Parkanlage sowie den Bau von Tennis- und Kricketplätzen. Auf dem hauseigenen Eisfeld finden exklusive Picknicks statt, als legendär gelten auch die sogenannten Tailing-Partys: Dabei werden mehrere mit Fellen ausgeschlagene Schlitten aneinandergebunden, die von sechs bis acht Pferden unter hellem Glockengebimmel durch die winterliche Zauberlandschaft gezogen werden.

Das Innere des weitläufigen Gebäudekomplexes genügt höchsten Ansprüchen. Die Räumlichkeiten entsprechen in Stil und Möblierung den darin stattfindenden Anlässen: ein prachtvoller Teeraum, die Bar Americano, das Kaminzimmer, verschiedene exquisite Restaurants, ein großer Festsaal sowie ein Theater- und Konzertsalon mit eigener Showbühne. Edelste Materialien, feinste Stoffe und wunderbare Wandmalereien schaffen eine luxuriöse und behagliche Atmosphäre. Ab den 1930er-Jahren gilt das Grandhotel als mondänes Zentrum des gesellschaftlichen Lebens. Erholungsbedürftige Gäste sind zwar willkommen, Kranke jedoch nicht. Emailleplaketten mit der Aufschrift »No invalids!« machen klar, dass der glitzernde und dekadente Kosmos in erster Linie den gesunden Zeitgenossen vorbehalten bleibt. Josephine Baker tanzt hier in einem kurzen Paillettenröcklein durch die Nacht, rauschende Weihnachts- und Osterbälle enden erst in den frühen Morgenstunden, ebenso wie die zwölfgängigen Galadinners mit zu Pyramiden gebauten Kristallkelchen, über die sich sprudelnd der

Champagner ergießt. Berühmte Persönlichkeiten gehen bald ein und aus, wie die Einträge in den ledergebundenen Gästebüchern zeigen: Thomas Mann, Albert Einstein, Aga Khan, Ernst-Ludwig Kirchner, Edith Piaf und Charlie Chaplin, General Guisan und Lord Mountbatten, um nur einige zu nennen.

Obwohl Esprit und Glanz der Vergangenheit spürbar sind, die ramponierte Schönheit des Hauses viele Geschichten zu erzählen hat und eine so verträumte wie melancholische Stimmung herrscht, ist der Zustand des Hauses bei unserer Übernahme beklagenswert. Die Weitläufigkeit, die endlos langen Hotelgänge, die riesigen Hallen und Empfangsräumlichkeiten und die verloren wirkenden Restaurants und Barbetriebe sind wenig attraktiv. Der Bau steht unter Denkmalschutz, und so blieb ihm zumindest äußerlich erspart, was im Innern als Tribut an die Neuzeit zu geschmacklich zweifelhaften Resultaten führte. Mobiliar und Teppiche, dem wechselnden Zeitgeist entsprechend angeschafft, passen meist wie eine Faust aufs Auge zum historischen Charakter.

Bei meinem ersten Rundgang entdecke ich orangefarben überzogene Plüschsessel aus den 1970er-Jahren, Mobiliar aus Kunststoff und undefinierbar gemusterte Bettwäsche. Die im Ostteil des Hauses renovierten Zimmer erhielten erst 1984 eigene Bäder, aber bereits wirken die Armaturen altertümlich, ebenso wie die geriffelten Wände in den Duschkabinen und die winzigen Duschköpfe, aus denen kümmerliche Rinnsale tröpfeln. Die langen Korridore, die zu den Zimmern führen, werden durch bemalte Lampenschirme aus Plastik erhellt. Weitere Hässlichkeiten machen mich schlicht sprachlos: Aus einem Loch in der Wand quillt ein Gestrüpp aus Halmen. Wie ich später feststelle, handelt es sich dabei um Stroh: Isolationsmaterial, das beim Bau des Sportgebäudes vor über hundert Jahren verwendet worden ist. Anstatt durch stabile Einzeltüren sind viele der winzigen Zimmer durch schrankartige Wände aus dünnen Holzplatten begehbar. Um das Haus an die Neuzeit anzupassen, fehlte es nicht nur im Großen, sondern offenbar auch im Kleinen an Geld: Fadenscheinige Stellen in den Teppichen wurden mit verschiedenfarbigen Restposten überdeckt, und angesichts von fleckigen Tapeten, abblätternder Farbe und abgenutzten Sitzflächen scheint man die Waffen gänzlich gestreckt zu haben.

Der mangelhafte Zustand des Hauses, aber auch der grundsätzliche Unwille meines Vorgängers, die Kritik der Gäste ernst zu nehmen und entsprechende Verbesserungen anzugehen, machten aus dem Grandhotel eine Institution, in der immer Saisonende zu herrschen scheint. Insofern ist es nicht verwunderlich, dass nur die größten Fans dem Haus die Treue halten und – obwohl es an Komfort mangelt und man von Dienstleistungen jeglicher Art nichts zu halten scheint – bereit sind, sehr hohe Zimmerpreise zu bezahlen. Der große Rest der zahlungskräftigen Kundschaft ist längst auf Nimmerwiedersehen verschwunden, und eine neue Klientel ist nicht in Sicht.

Offiziell ächzt zu diesem Zeitpunkt die gesamte Tourismusbranche unter schwindenden Umsätzen. Einerseits boomen Billigflug-Anbieter, und günstige Pauschalreisen locken in ferne Ländern mit Sonnenschein-Garantie, andererseits haben viele Schweizer Hoteliers den Anschluss an die Neuzeit verpasst: Jüngere Feriengäste verbinden Begriffe wie Spaß und

Erholung beim besten Willen nicht mit einer »afternoon tea party« oder einer Wanderung in die nahe Bergwelt, und wenn sie viel Geld für ein exklusives Hotel ausgeben, dürfen sie zudem Leistungen erwarten, die über das obligate Schokoladentäfelchen auf dem Kopfkissen hinausgehen. Natürlich ist eine geschäftliche Misere immer mit den Umständen zu rechtfertigen, die als gottgegeben und unveränderbar hingestellt werden: Es ist die gängige Argumentation von untauglichen Vorgesetzten und ihren in der Folge genauso unmotivierten Mitarbeitern, die sich der Verantwortung nicht stellen wollen.

Im »Belvédère« werden bis zu unserer Ankunft keinerlei Verbesserungen angestrebt, auch keine, die man mit kleinem Budget hätte angehen können. Die Reklamationsschreiben der Gäste beanstanden die mangelnden Serviceleistungen, vor allem aber das unhöfliche Verhalten der Angestellten. Sie wandern anscheinend unbeantwortet in den Papierkorb. An meinem ersten Arbeitstag öffne ich das Schreiben eines treuen Stammgastes, der uns die Freundschaft mit folgenden Worten kündigt: »Da meine Anregungen und Beanstandungen offenbar so unwichtig sind, dass man mir nicht einmal antwortet, haben Sie es geschafft, dass ich Ihr Haus künftig nie mehr mit meiner Anwesenheit belästigen werde.« Ich bin entsetzt. Meine erste Amtshandlung betrifft die Entscheidung, dass das gesamte Reklamationswesen künftig von mir persönlich betreut wird. Die wertvollen Hinweise unzufriedener Gäste avancieren in den folgenden Monaten zu einem meiner wichtigsten Instrumente, um Neuerungen im Bereich der allgemeinen Dienstleistungen einzuführen und eine entsprechende Prioritätenliste zu verfassen.

Bei meinen Mitarbeitern handelt sich um eine frustrierte Truppe: Männer und Frauen, deren Potenzial in den vergangenen Jahren systematisch ignoriert wurde und denen die Wertschätzung ebenso wie Entwicklungsmöglichkeiten innerhalb des Betriebs konsequent versagt blieben. Ihre Minderwertigkeitsgefühle kompensieren sie mit einem frechen und deplatzierten »Fünf-Sterne-Haus-Gehabe«, das beinahe satirische Qualität aufweist. Anstatt sich authentisch, selbstbewusst und natürlich zu verhalten, speisen sie die Gäste mit hochtrabenden Floskeln ab. Die Durchsicht der krankheitsbedingten Ausfälle und Fluktuationsraten, beides verlässliche Temperaturmesser für die Arbeitsplatzzufriedenheit in einem Betrieb, ergibt eine katastrophale Bilanz. Ebenso die Analyse der finanziellen Situation des Hotels: Der Betrieb ist bereits seit sechzehn Jahren defizitär und steht kurz vor dem Konkurs.

Ohne mich in Details vertiefen zu müssen, präsentieren sich unglaubliche Missstände, die Unsummen von Geld verschlingen: Der Concierge beispielsweise poliert seinen Lohn auf, indem er bei den Lieferanten seit Jahren große Kommissionen einstreicht. Beim Cheftechniker, der stets in einem gebügelten Hemd zur Arbeit erscheint, das auch nach acht Stunden Arbeit immer noch blütenrein ist, frage ich mich zuerst ahnungslos, was der Mann den lieben langen Tag so treiben mag, und finde dann schnell eine Antwort: Er ist damit beschäftigt, die regelmäßigen und großen Heizöllieferungen des Grandhotels auf zahlreiche andere Häuser umzuleiten, den Privatbesitzern diesen Dienst in Rechnung zu stellen und kräftig abzukassieren. Solche und ähnliche Gaunereien – man könnte es auch kriminelles Verhalten nennen – sind an der Tagesordnung.

Nach anfänglicher Empörung sehe ich mich aber veranlasst, der Sache auf den Grund zu gehen und einen Blick auf die Löhne zu werfen, und tatsächlich werden miserable Saläre bezahlt. Mangelnde Wertschätzung gegenüber den Mitarbeitern zeigt sich unter anderem darin, dass sie zu wenig verdienen. Auch dies werde ich im Verlauf eines Jahres verändern, verbinde dieses Versprechen aber mit klaren Anweisungen, und dabei halte ich unbewusst mein erstes Coaching, bei dem ich den Mitarbeitern, verkürzt gesagt, drei Floskeln verbiete, die sie aus ihrem Vokabular und am besten auch gleich aus ihren Gedanken streichen sollen: Geht nicht! Ist nicht meine Arbeit! Unmöglich!

Der Betrieb befindet sich nicht nur organisatorisch und finanziell in einem desolaten Zustand, es fehlt ihm auch gänzlich an den Insignien, die ein Fünf-Sterne-Haus auszeichnen – Luxus, Großzügigkeit, Qualität. Umso wichtiger ist die Bereitschaft der Crew, tadellos aufzutreten, den Gast mehr als nur willkommen zu heißen. Ein frommer Wunsch? Ein Abladen von Verantwortung auf die Schultern der Mitarbeiter? Nein, denn ich will meinen Leuten in den folgenden Monaten vermitteln, was ihnen bisher fehlte: Respekt, Autonomie, Entwicklungsmöglichkeiten. Die Umfeldgestaltung liegt immer in der Verantwortung des Chefs. Er muss jene Bedingungen schaffen, die seine Leute zufrieden und leistungsfähig machen. Nimmt er ihre Anliegen nicht ernst, läuft er mittelfristig – ob mit oder ohne viel Geld im Rücken – immer Gefahr, dass sein Geschäft stagniert oder in ernsthafte Schwierigkeiten gerät.

Nicht nur mit beruflichen Angelegenheiten, auch mit den privaten Sorgen und Kümmernissen befasse ich mich in den folgenden Jahren: Es ist mir nicht egal, wenn der portugiesische Gärtner seinen Vater verliert, aber kein Geld hat, um sofort nach Hause zu fliegen. Bei solchen und anderen Gelegenheiten bin ich auf dem Laufenden, bevor meine Leute um ein Gespräch bitten müssen, ich helfe mit Worten, aber auch mit Taten. Doch vorerst klagen Kellner, Zimmermädchen, technische Kräfte und Büglerinnen vor allem über ihr umfangreiches Arbeitspensum. Die Schuld an der schlechten Performance der Mitarbeiter schieben ihre direkten Vorgesetzten – mit denen ich ebenfalls ausführliche Gespräche führe – ihrerseits den Kollegen, den Gästen, dem Betrieb, der Familie Steigenberger, Davos – eigentlich der ganzen Welt in die Schuhe. Ich mache mir ein paar Gedanken und komme zum Schluss: Egal, ob Putzfrau oder Abteilungsleiter, die innere Kündigung ist jener Zustand, in dem sich ein unzufriedener Mitarbeiter dazu entschlossen hat, das Unternehmen nicht zu verlassen, sondern lustlos auszuharren.

Es kommt zur forcierten Trennung von jenen, die bereits so stark in ihrem negativen und unmotivierten Verhalten gefestigt sind, dass man keine gemeinsame berufliche Zukunft planen kann. Mit dem Rest – hundertdreißig Männern und Frauen – mache ich weiter. Meine Ideen sind unspektakulär und zeigen, dass man bei der Umsetzung von neuen Führungskonzepten nicht immer hochkomplex vorgehen muss. Der Business-Erfolg beruht nicht nur auf brillanten Analysen, sondern auch auf realistischen Lösungsansätzen, die sich auf den gesunden Menschenverstand stützen. Organisatorisch bleibt in den folgenden Monaten kein Stein auf dem anderen, und alte Führungsprinzipien werfen wir ohne Zögern über

Bord. Die Erkenntnis, dass keiner so dumm ist, dass er nicht in irgendeinem Bereich besser ist als ich, hilft mir auch, anderen einen Platz neben mir einzuräumen, Verantwortung abzugeben und jenen Raum zu schaffen, den Mitarbeiter benötigen, um ihre Talente zu erkennen und gewinnbringend einzusetzen. Dieses Vorgehen bringt auch dem Chef Vorteile, und von Mikromanagement halte ich bis heute nichts: Den Fokus langfristig auf tausend Details zu legen, ist kontraproduktiv, weil man dabei das große Bild aus den Augen verliert.

Auch im Sinn eines verbesserten Zeitmanagements schaffen wir starre Hierarchien ab, die den Ablauf der Tagesgeschäfte schwerfällig machen. Direktionssitzungen – das »Bullshit-Bingo«, wie wir es nennen – und andere Gesprächszirkel, bei denen sich jeder als Platzhirsch aufspielt, viel debattiert und wenig erreicht wird, reduzieren wir auf ein absolutes Minimum, ebenso wie den internen Schriftverkehr. Die Leute sollen Unstimmigkeiten im direkten Gespräch miteinander bereinigen. Immer wieder ermuntere ich meine Leute dazu mitzudenken und involviere sie zunehmend in Entscheidungsprozesse. Die Kritik und die Anregungen eines Zimmermädchens werden bei uns genauso ernst genommen wie die eines Abteilungsleiters, und bald erreichen mich kluge und pragmatische Ideen und Verbesserungsvorschläge: von jenen Menschen, die den Betrieb tagtäglich an der Front vertreten. Jeden meiner fünfzehn Abteilungsleiter halte ich zudem an, maximal zehn Mitarbeiter eng zu betreuen. Diese Maßnahme zielt darauf ab, die einzelnen Männer und Frauen vermehrt dort einzusetzen, wo ihre Stärken liegen, und in jenen Bereichen zu entlasten, wo sie Schwächen aufweisen.

Die werteorientierte Führung praktiziere ich – das darf ich ohne falsche Bescheidenheit sagen –, lange bevor sie zum Schlagwort im Leadership avanciert. Die Gründe, wieso Menschen so und nicht anders agieren und reagieren, haben immer mit der persönlichen Motivation zu tun, und diese wiederum ist von individuellen Wertvorstellungen und Zielen abhängig. Ein umsichtiger Chef weiß von diesen Beweggründen, und die Hoffnungen seiner Leute sind ihm nicht egal. Auch weil er weiß, dass ein guter Lohn, eine Prämie oder ein Bonus wichtig sind, aber für die wenigsten Arbeitnehmer der Hauptgrund, wieso sie am Morgen aus den Federn springen. Die Motivationen kennen lernen zu wollen, die Mitarbeiter in diesem Sinn zu beobachten und ihren Wünschen nach Anerkennung, Wachstum im Job nachzukommen, ist der Schlüssel zum Erfolg.

Nach einem Jahr erhöhe ich die Löhne markant, führe eine niederschwellige Leistungsprämie ein und mache meinen Leuten die gesamte Infrastruktur zugänglich. Innerhalb von zwei Jahren verdoppeln wir den Umsatz und erledigen nun mit zwanzig Vollzeitstellen weniger ein größeres Arbeitspensum als zuvor. Bald wird interdisziplinär gearbeitet: Wieso soll die Gouvernante nicht einmal pro Woche in der Küche Süßspeisen zubereiten, wenn ihr das Spaß macht? Wieso soll sich der Einkäufer für den Foodbereich nicht um die großen Blumenbouquets kümmern, wenn er doch ein passionierter Pflanzenliebhaber ist? Die beste Mousse au Chocolat, die bis nach Dubai Berühmtheit erlangt, und aufgrund der liebevollen Pflege der Pflanzen eine Reduktion des Blumenschmuck-Budgets um dreißig Prozent: Das sind die gewinnbringenden

Erfolge solcher Aktionen. Mitarbeiter, die nach Neigung und Eignung eingesetzt werden und Wertschätzung erfahren, entwickeln ein Zugehörigkeitsgefühl und im besten Fall eine emotionale Bindung zum Unternehmen, was auch den Zusammenhalt der Crew fördert. Meine Mitarbeiter arbeiten bald Hand in Hand, erledigen ungefragt Aufgaben, die sie nicht verrichten müssten, und Überstunden zählen nicht mehr.

Mein Ziel ist die Autonomie: Wenn ich den Hotelbetrieb rentabel machen kann, können wir tun und lassen, was wir wollen, und auch meinen kreativen Einfällen sind keine Grenzen mehr gesetzt. Die steigenden Gästezahlen sind die schönste Belohnung für unsere Arbeit, und bald kann ich die erste erarbeitete Million in die Infrastruktur des Grandhotels investieren: Zuerst konzentrieren wir uns auf das Dringendste, die Ausstattung jener Zimmer, die weder über Badezimmer noch Toiletten verfügen. Die mit Stroh isolierten Korridore und die Seminarräumlichkeiten müssen komplett saniert, die hundertsiebenundzwanzig Doppelzimmer so modernisiert werden, dass sie genügend Platz bieten und über richtige Eingangstüren verfügen.

Im Verlauf der Zeit fließen über dreißig Millionen Franken in die Neugestaltung und Sanierung des »Belvédère«, wobei auch die historische Außenfassade und die Balkone auf den neusten Stand gebracht werden. Zusammen mit einem Innenarchitekten gestalten wir schließlich das Lichtkonzept und das gesamte Interieur neu, und ein paar Jahre später prägen Eleganz und rustikaler Charme das alpin-klassische Ambiente. Eingangshalle, Wellnessanlagen, Hallenbad, Boutiquen und alle Restaurantbetriebe erstrahlen in neuem Glanz, und die herkömmlichen Dienstleistungen – Limousinenservice, Kinderbetreuung, Kofferträger – werden wieder eingeführt. Von der Matratze bis zum Silberbesteck und der Betreuung der Gäste stimmt die Qualität nun mit den hohen Preisen überein, und bald kann ich jedes Jahr über eine Million Franken allein in die laufenden Unterhaltsarbeiten investieren.

Erfolgsjahre

Nicht nur Stil und Geschmack verändern sich im Verlauf der Jahrzehnte, sondern auch die Gäste und deren Ansprüche. Während die ältere Generation den Ferienaufenthalt bisweilen monatelang vorbereitet, die Zimmer bereits bei der Abreise für das kommende Jahr bucht, ist bei den Jüngeren schnelles Disponieren gefragt. Ergibt sich für einen CEO oder Börsenhändler spontan eine Gelegenheit für ein paar Freitage, will er eine Woche später sein Lieblingszimmer beziehen und reagiert ungehalten, wenn es nicht zur Verfügung steht. Die Ungeduld der Gäste stellt einen Hotelbetrieb vor große Herausforderungen, ebenso wie ihre Befindlichkeiten, die von einem zunehmend hektischen Alltag abhängen. Viele jüngere, gut betuchte Frauen und Männer sind zu Beginn ihres Aufenthaltes regelrecht krank. Sie leiden unter Kopfschmerzen und anderen Beschwerden, haben Schwierigkeiten, sich zu entspannen, reagieren auch auf Nichtigkeiten gereizt und unwillig. In dieser Phase wollen die meisten allein gelassen werden. Rückt ihnen der Hotelier mit einem Gute-Laune-Programm auf den Pelz, fühlen sie sich bedrängt, lässt man sie über Tage hinweg allein Trübsal blasen, empfinden sie es jedoch als Vernachlässigung. Ein Hotelier ist dafür verantwortlich, dass es seinen Gästen gut geht, und im besten Fall trägt er zu ihrem Glück bei. Das ist eine der wichtigsten Dienstleistungen, die er zu erbringen hat: Er kümmert sich. Er geht auf die Menschen zu und sollte beim nächsten Besuch nicht vergessen haben, dass eine Krankheit oder ein missratenes Kind Monate zuvor Sorgen bereitet hat.

Ich lege eine professionelle Kartei an, in der die wichtigsten Vorlieben, Abneigungen und Eigenheiten meiner Klientel vermerkt sind, und lerne, auf die wechselnden und nicht immer berechenbaren Stimmungen und Wünsche zu reagieren. Über das Glück und das Unglück erfahre ich einiges, denn gestern wie heute gilt: Ein glanzvolles Dasein in großem Reichtum kann keine persönlichen Probleme lösen. Im Verlauf meiner Tätigkeit in Davos wird manche Suite kurz und klein geschlagen, und manche handgreifliche Streitigkeit zwischen Ehepartnern muss von der Polizei geschlichtet werden. Andere Dramen tragen sich in aller Stille zu. Traurige und einsame Menschen, die vordergründig alles besitzen und alles erreicht haben, jedoch unglücklich sind und es auch bleiben. Die Entschleunigung des Alltags, die im Grandhotel zwangsläufig stattfindet, kann sich negativ auswirken. Die Menschen sind auf sich selbst zurückgeworfen, denken jene Gedanken weiter, die sie im turbulenten Alltag verdrängen können. Ihre Einsamkeit ist manchmal spürbar. Sie wiegt schwer, und ich mache die Erfahrung, dass insbesondere jene, die hohe Funktionen bekleiden, als besonders flamboyant und erfolgreich gelten, ihre Sorgen und Ängste niemandem mitteilen. Zum einen, weil sie die schiere Existenz von Problemen, darunter auch die eigene Unzufriedenheit, als Niederlage empfinden. Zum anderen, weil jene Fragestellungen, die mit ihren Sorgen zusammenhängen, komplex sind oder die Thematik absolute Diskretion erfordert.

Meine Funktion wandelt sich im Verlauf der Jahre. War ich am Anfang ein leichter Schwätzer, ein gut gelaunter Parolenschwinger, interessieren mich später die Seelenzustände meiner Gäste mehr als alles andere. Als Vertrauensperson entwickle ich mich zum geduldigen Zuhörer, und mit Hunderten von Männern und Frauen führe ich lange Gespräche. Ratschläge erteile ich nie, weil sie der eigenen Erfahrung entspringen, die oft wenig mit der Lebenswelt anderer zu tun hat. Viel eher stelle ich Fragen, deren Beantwortung manchmal einer Erkenntnis auf die Spur helfen und den Wandel zum Guten bewirken kann, weil sie ein Veränderungspotenzial freilegt, das jeder in sich trägt.

Über meine Gäste lerne ich die Welt und die Menschen kennen und wie sich beide verändern: Gestern wie heute gibt es jene Herrschaften des alteingesessenen Geldadels, die sich zu benehmen wissen, sämtliche Finessen der gehobenen Etikette kennen, stets sorgfältig gekleidet und frisiert sind, ihre Launen kontrollieren. Solche Gäste behandeln meine Mitarbeiter niemals unhöflich, und auf absonderlichen Wünschen zu beharren, kommt ihnen nicht in den Sinn. Das Problem mit dieser der Tradition verbundenen Klientel ist, dass sie sich an den Gepflogenheiten der Neuzeit stört: Internetbusiness und Investmentbanking kreieren ab Mitte der 1990er-Jahre eine Fülle von Neureichen, die sich – quasi über Nacht – in einer gehobenen Welt zurechtfinden müssen, die ihnen unter dem Strich ein Buch mit sieben Siegeln bleibt. Wieso sie zum Galadinner eine Jacke tragen sollen, macht für manche ebenso wenig Sinn wie der Erfahrungswert, dass Bier und Gänseleber nicht zusammenpassen, der Kellner nicht mit »du« angesprochen wird und Wünsche, die im Widerspruch zu den herrschenden gesetzlichen Bestimmungen stehen, in einem Hotelbetrieb kein Thema sind.

Doch das ist nur der Anfang: Ab der Jahrtausendwende bevölkert auch die russische Kundschaft unser Haus. Sylvia achtet im Reservationswesen darauf, dass ihr Anteil nicht über einem Drittel liegt, aber auch wenn sie sich gegenüber anderen Nationalitäten in der Minderheit befinden, verstehen sie es prima, sich Präsenz zu verschaffen. Manche reisen mit Taschen voll Bargeld an. Da es sich um Devisen handelt, deren Provenienz nicht immer glasklar auszumachen ist und die auch aus diesem Grund nicht ins eigene Land zurückgeschafft werden können, besteht der große Wille, die riesigen Beträge bis zum letzten Rappen zu verprassen. Dieser Umstand führt auch in anderen Wintersportorten zu Auswüchsen, die bald schweizweit für Aufregung sorgen. Unerzogenheiten aller Art, aber auch kulturelle Gepflogenheiten ergeben bisweilen explosive Kombinationen: Obwohl sich manche russischen Männer, sehr zum Ärger der europäischen Kundschaft, die sich splitternackt im Saunabereich aufhält, strikte weigern, ohne Badebekleidung zu schwitzen, benehmen sie sich den Rest der Zeit – gelinde ausgedrückt – freizügig. Genau wie für einige der arabischen Gäste ist weibliches Personal vor allem etwas: Freiwild. Es kommt zu unverschämten Avancen und großzügigen Angeboten. In diesem Bereich bin ich allerdings sehr unflexibel und spreche ein paar deutliche Worte, was die Männer jeweils perplex zur Kenntnis nehmen. Die Erfahrung, dass

Geld allein nicht jede Unverschämtheit legitimiert, scheint solchen Wüstenprinzen und manchem in der Zarenzeit stehen gebliebenen Macho neu zu sein.

Es dauert sechs Jahre, bis sich die russischen Gäste an die hiesigen Gepflogenheiten anpassen, und seither sind sie so angenehm und unauffällig wie die meisten anderen Gäste. Bis es so weit ist, mache ich unermüdlich auf die wichtigsten Benimmregeln aufmerksam und verfrachte jene lauten Gesellschaften, bei denen der Champagner in Strömen fließt, der Kaviar kilogrammweise bestellt wird und die Frauen auf den Tischen tanzen, in separate Räumlichkeiten. Es ist eine diplomatische Lösung, die allen gefällt: den ausgelassenen Gästen, die sich nun benehmen können, wie es ihnen passt. Und allen anderen, die froh sind, wenn sie ihre Ruhe haben. Die Ära des öffentlichen Zurschaustellens von Prunk und Protz ist noch nicht vorbei, aber das Platzen der Internetblase, die Finanzkrise, das Euro-Debakel sowie andere weltpolitische Katastrophen bewirken, dass die gröbsten Exzesse doch der Vergangenheit angehören. Vielleicht ist es auch Überdruss, den die Vertreter der High Society für einen Lebensstil empfinden, den sie so viele Jahre lang exzessiv pflegten. Diskretion, Ruhe und Zeit gelten heute als erstrebenswert. Anstatt im Hotel zu residieren, ziehen sich die Superreichen nun öfters in ihre eigenen Häuser zurück: im Winter in die Chalets in den Bergen, im Sommer in die Villen und auf die Jachten in Südfrankreich und Monaco. Reichtum und Luxus definieren sich nun weniger über materielle Auswüchse als über ausgeklügelte Serviceleistungen.

Neue Trends und Tendenzen müssen auch Eingang in die exklusive Hotellerie finden, will man nicht noch mehr Gäste verlieren. Wenn ein Fünf-Sterne-Gast einen Kofferpacker ins Zimmer wünscht, eine Auswahl an Kaschmirpullovern aus der Boutique im Zimmer begutachten will oder auf ein spezielles Hundefutter besteht, muss dies möglich gemacht werden. Egal, ob die Öffnungszeiten der Wellnessanlagen verändert, ein Lieferkurier für ausländische Printerzeugnisse organisiert oder das kulinarische Angebot an den eiligen Zeitgeist angepasst werden müssen: Flexibilität ist notwendig, will man mit den neuen Bedürfnissen Schritt halten, und es ist ein Fehler, zu glauben, man könne diese Wünsche ignorieren oder, noch dümmer, ihre Nichterfüllung mit dem Argument rechtfertigen, man müsse Personal einsparen. Auch in der einfachen Pension oder im Drei-Sterne-Haus ist es oft eine Frage des guten Willens, ob ein zweites Kopfkissen möglich ist, ein vegetarisches Menü, warme Socken, die vergessen gingen, oder eine spezielle Zeitschrift, die der Gast wünscht. Die meisten Extrawünsche lassen sich übrigens problemlos mit dem bestehenden Personal erledigen. Vorausgesetzt, die Mitarbeiter fühlen sich bei anderen Gelegenheiten unterstützt. Während manche Hotelbetreiber unter diesen und jenen Entwicklungen der Neuzeit leiden und ächzen, empfinde ich es als Beruhigung, dass die Tourismusbranche nicht autark funktioniert, sondern auf wirtschaftliche und gesellschaftspolitische Entwicklungen reagiert und somit beweglich und ideenreich bleiben muss.

Die Welt zu Gast

Mit der Entwicklung zum international beachteten Anlass nimmt die Organisation rund um das Weltwirtschaftsforum in den folgenden Jahren gigantische Ausmaße an. Zehntausende von Gästen bevölkern Davos in dieser Zeit zusätzlich. Nachdem Präsident Clinton unser Haus beehrt hat, dürfen wir regelmäßig hochrangige Prominenz beherbergen, die von den WEF-Organisatoren über ein eigenes Kontingentierungssystem an die sichersten, exklusivsten und besten Unterkünfte zugeteilt werden. Im Zuge monatelanger Vorbereitungsarbeiten mit den involvierten Delegationen und Sicherheitsabteilungen der jeweiligen Länder straffen sich auch unsere Richtlinien: Ohne Akkreditierung, Sicherheitsbadges und Körperkontrolle darf niemand mehr das Haus betreten. Alle Lebensmittellieferungen, aber auch Beleuchtungssysteme und Baumaterial müssen die entsprechenden Scanner passieren. Das gesamte Haus wird im Vorfeld von Spezialeinheiten nach Abhörgeräten und Mikrokameras durchsucht, Bombenspürhunde sind im Einsatz, um allfällige Sprengsätze zu orten, und nach der abschließenden Prüfung werden alle Räumlichkeiten versiegelt und dürfen bis zur Ankunft der Gäste nicht mehr betreten werden. Die Suiten entsprechen den Spezialwünschen der prominenten Gäste – darunter Bettstätten, die nach Mekka ausgerichtet sind,

Pantoffeln aus Leder mit eingesticktem Monogramm und kiloweise Luxemburgerli, die wir auf silbernen Tabletts präsentieren. Die Auslastung während des Forums ist dermaßen präzise organisiert, dass auch Präsidenten und Königinnen verpflichtet sind, ihre Unterkünfte pünktlich zu verlassen, anderenfalls droht ein Rausschmiss, denn der nächste und mit ziemlicher Sicherheit ebenso prominente Gast wartet bereits auf den Einzug.

Auch das Grandhotel präsentiert sich in diesen Tagen herausgeputzt wie nie: Einem surrealen Schloss ähnlich, erstrahlt die gesamte Fassade im Glanz riesiger Lichtinstallationen, im Innern sorgen florale Kunstwerke und exotische Dekorationsobjekte, die bis zu zehntausend Franken kosten dürfen, für ein exklusives Ambiente. Alle nationalen und internationalen Handelskammern, Botschaften und Wirtschaftsverbände sowie Hunderte von großen Firmen nutzen die Anwesenheit der zweitausend wichtigsten Vertreter aus Wirtschaft, Politik und Kultur, um Anlässe durchzuführen, zu denen eine erlesene Gästeschar geladen ist. Punkto Großartigkeit und Exklusivität wollen sich die Veranstalter gegenseitig übertrumpfen. Allein im »Belvédère« finden innerhalb von fünf Tagen zweihundert Events statt, die eine generalstabsmäßige Planung erfordern, da Dutzende von verschiedenen Empfängen gleichzeitig und nacheinander abgehalten werden. Für den fliegenden Wechsel der im Zweistundentakt abgehaltenen Mega-Events bleiben oft nur wenige Minuten Zeit, um die Bühnen auf- und abzubauen, Licht- und Soundsysteme anzupassen, das Dekorationsmaterial auszuwechseln, Tische neu zu decken und die opulenten Buffets zu bestücken.

Im Verlauf der Zeit mieten wir – vom Kirchner-Museum bis zum Coiffeursalon – externe Räumlichkeiten an, in denen präsentiert und gefeiert werden kann, und bauen das Hallenbad zu einem prachtvollen Bankettsaal um. Baubewilligungen und Kredite für fest installierte Zelte und Pavillons müssen jeweils ein Jahr zuvor eingeholt werden. Riesige Sattelschlepper schaffen Hunderte von Tonnen Material herbei, die dem Aufbau abenteuerlicher und extravaganter Kulissen dienen. Jeder Franken, den wir investieren, kommt doppelt und dreifach zurück.

Während des Forums stocke ich den Mitarbeiterstab von hundertzwanzig auf vierhundert Personen auf. Die Präferenz liegt bei ehemaligen Angestellten, die für diese äußerst anstrengende, aber auch sehr gut bezahlte Woche bei ihrem neuen Arbeitgeber Ferien eingeben. Jeder Handgriff muss sitzen, alle Arbeitsabläufe reibungslos funktionieren. Bereits winzige Verzögerungen und kleinste Fehler gefährden die logistische Meisterleitung meiner Crew. So sind fast ausschließlich Menschen beschäftigt, die den Betrieb in- und auswendig kennen und mit ihren Kollegen symbiotisch zusammenarbeiten. Unsere Hotelküche ist für rund zweihundert Mahlzeiten pro Tag eingerichtet. Während dieser Woche sind jedoch sechzig Köche im Einsatz, die pro Tag zweitausendfünfhundert Mahlzeiten zubereiten und Hunderte von reichhaltigen Cocktailpartys und Galadinners ausrichten. Zu berücksichtigen sind die kulinarischen Wünsche fremdländischer Delegationen, die manchmal schwierig zu erfüllen sind, wenn religiöse Regeln den Konsum gewisser Lebensmittel oder Zubereitungsarten untersagen. Grundsätzlich gilt: Nur das Exklusivste und Beste ist gut genug. Es herrscht überbordende Großzügigkeit in allen Belangen. Tonnen von Hummer, Kaviar, Filet, Pasteten und Tausende von Flaschen Champagner werden in dieser Zeit konsumiert.

Rund fünftausend Gäste und Besucher bevölkern das »Belvédère« in diesen Tagen. Auch meine Person steht im Mittelpunkt. Als Gastgeber besuche ich so viele Veranstaltungen wie möglich, halte die Fäden in den Händen, sorge für einen reibungslosen Ablauf. Ich werde umschwärmt und hofiert, erkenne aber bald, dass es dabei weniger um meine Person als um meine Funktion als Generaldirektor geht. Da ich in direktem Kontakt mit sämtlichen Delegationen und Verantwortlichen der anwesenden Prominenz stehe, könnte ich theoretisch jede Verbindung herstellen, wie manche wissen, die mir schmeicheln und mich manipulieren wollen. Sie halten mich offenbar für eitler, als ich bin. Ich betrachte es als Aufgabe, meine prominenten Gäste vor Profiteuren zu schützen, und zu den angestrebten Vermittlungen kommt es nie. Wer Macht und Erfolg hat, ist beinahe zwangsläufig auch von Opportunisten und Intriganten umgeben, die sich im Licht der anderen sonnen und von fremden Leistungen profitieren wollen. Moralische Skrupel sind solchen Zeitgenossen fremd. Bereit, ihre Seele zu verkaufen, um sich einen schnellen Vorteil zu verschaffen, zögern sie nicht, andere zu täuschen und zu hintergehen. Das gehört zu einem Geschäft, in dem mit hohen Einsätzen gespielt wird, und bestärkt mich im Willen, allen Avancen zu widerstehen und meine Freunde nicht in diesem Umfeld zu suchen.

Nachdem wir den Umsatz während des WEF von einer Million auf sechs Millionen Franken vergrößert haben, halten manche eine zusätzliche Steigerung in der übrigen Saison für unmöglich. Ich bin anderer Meinung, denn die vielen Verbindungen und Kontakte, die aus dem Wirtschaftsforum resultieren, sind für den Hotelbetrieb ein riesiges Potenzial. Seminare, Präsentationen und große Firmenanlässe sollen künftig das ganze Jahr über bei uns durchgeführt werden. Meinem Networking, der Hartnäckigkeit meiner Frau, die für das Reservierungswesen zuständig ist, aber auch unserem Eventmanager Tobias Homberger, der viele Anlässe akquiriert, ist es zu verdanken, dass es uns gelingt, diese Synergien voll zu nutzen.

Allein die Sommermonate bleiben ein leidiges Thema und haben auch in anderen Bergregionen einen treffenden Namen: Es ist die Kummersaison. Wenn es in Graubünden, im Wallis oder im Berner Oberland regnet, fragen sich die Sommergäste sofort und nicht zu Unrecht, wieso sie nicht irgendwo im Meer plantschen. Was können wir tun? Was den Gästen bieten? Und was der Stadt Davos, die unter den meteorologischen Unsicherheiten ebenfalls Umsatzeinbußen hinnehmen muss? Ich sitze mit fünf anderen Hoteliers in einer Beiz auf der Staffelalp. Die unbescheidene Absicht unseres Ausflugs: Wir wollen etwas für den hiesigen Tourismus und für unsere Betriebe tun. Das Wetter ist unbeeinflussbar, aber die sommerlichen Auslastungsprobleme müssen wir dennoch nicht als gottgegeben hinnehmen, sind wir uns einig.

So wird bei Salametti und Rotwein die Idee geboren, Davos eine Eventkultur zu bescheren. Im Wissen darum, dass sich positive Erlebnisse in der Gemeinschaft mit anderen Menschen viel intensiver genießen lassen, ein Anlass nur Charakter und Charme hat, wenn die persönliche Leidenschaft der

Urheber einfließt, erarbeiten wir in den kommenden Wochen entsprechende Konzepte, einen Finanzplan und schließen uns mit jenen Ämtern und Instanzen zusammen, die für die Bewilligungen zuständig sind. So entsteht das Jazz-Festival »Davos Sounds Good«, das sich bald als profitables Unternehmen profiliert und bis zum heutigen Tag über hunderttausend Unterländer ins sommerliche Davos gebracht hat. Jenen Hoteliers, die – aus unterschiedlichen Gründen – über die serbelnde Schweizer Tourismusbranche klagen, fällt es oft schwer, sich von alten Zöpfen zu trennen. Dass ein Kurkonzert in der heutigen Zeit weniger attraktiv ist als Bungeejumping und Riverrafting, scheint manche zu verstören. Die Krise in der Hotellerie ist auch eine Führungskrise und mehrheitlich der Ideenlosigkeit und Bequemlichkeit mancher Direktoren geschuldet, die sich auf ihren Lorbeeren ausruhen.

Auch das Event-Branding erweist sich als formidable Maßnahme, um ein jüngeres Publikum anzusprechen, das nicht nur wegen Bergen und Grandhotel, sondern im »Belvédère« absteigen soll, weil wir ein außergewöhnliches Programm bieten. In den folgenden Jahren entwickelt meine Crew diverse Konzepte, darunter die »Jazz-Wanderwochen« oder die »Jass-Golf-Events«. Mein charmanter Freund Hans und ich sind mit von der Partie, wenn die Anlässe stattfinden: Zusammen mit zahlreichen Gästen wandern wir in verschiedenen Gruppen tagelang durch die Natur, besuchen die organisierten Konzerte, spielen Golf, und in diversen Alphütten finden bei strömendem Regen die wildesten Partys statt. Natürlich sind die meisten Gäste – viele von ihnen werden zu Kollegen und Freunden – auch im folgenden Jahr mit von der Partie. Man nennt es Kundenbindung, und es ist garantiert ein Irrtum, wenn die Hotellerie glaubt, darauf verzichten zu können.

Um neue Gäste zu gewinnen, muss man sich etwas einfallen lassen, aber nicht jede Idee soll in Krisenzeiten mit großen Investitionen verbunden sein. So entdecken wir zum Beispiel den Single-Markt: Es gibt viele Männer und Frauen, die gut verdienen, sich etwas gönnen möchten, aber allein sind. Die Ferienzeit ist ein heikler Punkt. Zu verreisen behagt vielen nicht, weil sie sich inmitten von Familien und glücklichen Paaren als Außenseiter fühlen. An »Verkupplungstouren« teilzunehmen, birgt hingegen das Risiko, dass man einige Tage lang an Leute gefesselt bleibt, die man vielleicht nicht leiden kann. Überhaupt erweist sich das allzu Organisierte in diesem Bereich als unangenehm für jene, die zwar offen sind für eine Beziehung, aber bestimmt nicht den Anschein erwecken wollen, verzweifelt auf der Suche zu sein.

Ohne ein spezielles Programm anzubieten, wird das »Belvédère« in den folgenden Jahren zur Destination von Hunderten von alleinstehenden Männern und Frauen, die wir »sanft betreuen«, wie ich es nenne. Bei uns können sie nach Lust und Laune an den allgemeinen Aktivitäten teilnehmen, die auf ein jüngeres Publikum ausgerichtet sind, andererseits werden sie in Ruhe gelassen, wenn sie allein sein wollen. In der Mitte des großen Esssaals lasse ich einen riesigen Tisch aufstellen, weiß gedeckt, mit Silber, Porzellan und Blumen geschmückt, für all jene, die zunächst unverbindlich Kontakt aufnehmen möchten. Viele Singles und manche Paare verbringen den ersten Abend an ihrem Einzeltisch, gesellen sich später zu den anderen, so entstehen auch Kontakte, die man im folgenden Jahr, am selben Platz und zur gleichen Zeit, wieder aufleben lässt. Mit solchen und anderen Neuerungen schaffen wir es, dass sich die Auslastung in den Sommermonaten von dreißig auf achtzig Prozent erhöht und sich der Gesamtumsatz des Grandhotels seit unserer Ankunft mehr als verdoppelt.

Zur Erfolgsgeschichte trägt bei, dass wir uns nie von den Davosern und ihren Vertretern abkapselten. Der gute Kontakt mit den verschiedenen Instanzen, dem Tourismuschef, den Polizeikommandanten, den Ratsmitgliedern ist eine Voraussetzung dafür, dass wichtige Anlässe zustande kommen und die Zusammenarbeit reibungslos funktioniert. Ebenso wichtig und gerecht ist die Beteiligung des Gewerbes und der Bevölkerung am Erreichten. Bei Arbeitsverträgen haben die Einheimischen selbstverständlich einen Heimvorteil. Lebensmittel und Getränke beziehe ich von den umliegenden Betrieben und lokalen Anbietern, Aufträge vergebe ich, wenn immer möglich, an die hier verwurzelten kleinen und mittleren Unternehmen.

Die regionale Verbundenheit zu pflegen – mit allen Verpflichtungen, die daraus hervorgehen –, empfinde ich nie als Last, ganz im Gegenteil: Als sich 1997 die unglaubliche Chance ergibt, an die Spitze der Gönnervereinigung Club '89 des legendären, aber zu diesem Zeitpunkt serbelnden Hockey Clubs Davos (HCD) gewählt zu werden, sehe ich diese Berufung als Ehre und Herausforderung. Innerhalb von sechs Monaten verdoppelten wir zwar die Anzahl der Gönner, die sich jedes Jahr an der Finanzierung des Eishockeyklubs beteiligen, aber die Buchhaltung erweist sich bei genauer Analyse als morsch. Mehr als 3,6 Millionen Franken Schulden machen den

HCD zu einem Sanierungsfall. Nachdem die Karten offen auf dem Tisch liegen, muss ein neuer Klubvorstand gewählt werden, und als zweiten Unterländer in der Geschichte des HCD macht man mich zu meiner großen Freude zum Präsidenten.

Als erste Amtshandlung bearbeiten wir Davos Tourismus, die Landschaft Davos und viele Kleinaktionäre, damit sie rund vier Millionen Franken einschießen. So kann der Niedergang des HCD notfallmäßig verhindert werden. Dem Marketingstrategen Georg Gasser, dem Klubstrategen Jürg Spross und dem Finanzchef Richi Bucher – wir bilden das Herz des Vorstandes des HCD – ist es zu verdanken, dass der Verein auch nachhaltig eine breite Abstützung erhält. Mit den sportlichen Leistungen geht es bald steil bergauf, und in der Saison 2000/2001 gewinnen die Davoser erstmals seit zweiundvierzig Jahren den Spengler Cup.

Bald entpuppt sich der Klub als florierendes Unternehmen. Mit einem Budget von über acht Millionen Franken (ohne Spengler Cup) und Marketingerträgen, die wir innert drei Jahren von 80 000 Franken auf 1,8 Millionen erhöhen, kann man sich jetzt die besten Spieler und Trainer leisten. Die Begeisterung der Davoser Bevölkerung über die außerordentlichen Leistungen ihrer Hockeymannschaft, die auch schweizweit einen Hype auslösen, ist beinahe grenzenlos. Dem Spengler-Cup-Sieg folgt das Meisterstück: In der Finalserie des Play-off überfährt der HC Davos die ZSC Lions mit einem 4:0-Sieg, und siebzehn Jahre nach dem letzten Titel kann der Rekordmeister den Meisterpokal zum sechsundzwanzigsten Mal entgegennehmen. Tausende von Davosern und Davoserinnen sind beim Triumphzug durch die Stadt auf den Beinen.

Das Team lässt T-Shirts drucken, die ganz in meinem Sinn sind: das Wort T-E-A-M prangt auf Brusthöhe der Spieler. Es bedeutet: Together Everyone Achieves More – zusammen erreicht jeder mehr. In der Folge zeigt sich leider, dass nicht alle diesen Slogan ernst nehmen. Dem Verein ging es nie besser, wir reiten auf einer absoluten Erfolgswelle, aber diese erfreuliche Entwicklung führt dazu, dass sich ein Verwaltungsrat auf persönliche Querelen und Animositäten zu konzentrieren beginnt, man könnte auch sagen, er will seine Funktionen ausbauen. Sein Putschversuch richtet sich gegen einen verdienten Kollegen und mich als AG- und Vereinspräsidenten. Beide sollen wir aus dem Verwaltungsrat vertrieben werden. Gleichzeitig kündigt der Umstürzler seine Kandidatur für das Präsidium an. Doch er macht die Rechnung ohne den Wirt: die Davoser Bevölkerung. Sie unterstützt mich – den Aargauer, den Unterländer – vorbehaltlos, und viele machen ihrem Unmut über die Intrige bei verschiedenen Gelegenheiten Luft. So oft, bis mein Gegner seine Kandidatur zurückziehen muss. Für mich ist die Unterstützung durch die Davoser und viele Klubmitglieder das schönste Kompliment und mehr wert als Amt und Ehre. Nach meinem freiwilligen Rücktritt werde ich 2002 einstimmig zum Ehrenpräsidenten gewählt, was eine zusätzliche Bestätigung für meinen Einsatz ist und mich in meiner Meinung bestätigt: Was man ohne Hintergedanken gibt, kommt – irgendwann – immer zurück.

Dunkle Wolken

Meine Frau und ich – ein Glamourpaar, ein Power-Couple, wie uns die Presse nennt – strahlen auf den Fotografien um die Wette. Mit zwei wunderbaren und problemlosen Kindern gesegnet, sind wir ein Paradebeispiel dafür, wie man zwei anstrengende Karrieren, Familie, Beziehung und ein schillerndes gesellschaftliches Leben erfolgreich vereinbaren kann. Vordergründig. Nach zehn Jahren »Belvédère« meldet Sylvia den Wunsch an, aus dem Hotelierleben auszusteigen, um etwas Neues anzugehen. Ich kann dies nicht akzeptieren. Einerseits würde eine solche Entscheidung zwangsläufig zu Gerede im Ort und in der Branche führen, andererseits würde mein Berufsalltag ohne meine Kodirektorin durcheinandergeraten.

Auf dem Gipfel des Erfolgs ist mein Alltag spannend und leicht, alles scheint mir ohne großen Aufwand in den Schoß zu fallen. Extrovertiert und umtriebig stehe ich liebend gern im Mittelpunkt, führe Verhandlungen, trete nach außen, sehe mich als kreativen Kopf, der dem Grandhotel und Davos die besten Geistesblitze beschert. Meine Ideen, egal, ob sie den Event-Bereich, die Gastronomie oder das WEF betreffen, lasse ich durch mein Team, zu dem auch Sylvia und andere versierte und hoch motivierte Experten gehören, ausarbeiten und umsetzen. Mein Talent zu delegieren, verfeinere ich in den Jahren meiner Tätigkeit im »Belvédère«, ich sehe mich als Koordinator, verteile die praktischen Aufgaben an jene, die den Aufgaben als ausgesuchte und geschulte Spezialisten gerecht werden können.

Gestresst fühle ich mich in all den Jahren nie. Jene Belastungen, die ein hochrentabler Riesenbetrieb mit sich bringt, empfinde ich als belebend, gleichzeitig weiß ich mir auch in der größten Hektik Ruheoasen zu kreieren, die mir Energie und Entspannung vermitteln, um weiterhin beste Performances zu liefern. »Zeitmanagement« wird zu einem meiner Lieblingswörter. Auch im Wissen um die neusten wissenschaftlichen Erkenntnisse, die dem Zeitmangel, oder vielmehr dem überfrachteten Berufsalltag, ein großes Potenzial für Krisen aller Art zuschreiben, beginne ich das Augenmerk auch auf berufliche Details zu richten, hinterfrage den Sinn jener Aufgaben, die einen Betrieb schwerfällig machen – und schaffe sie ab. Angefangen bei einem »cc-Verbot«. Eine einfache Maßnahme mit großer Wirkung: Damit wird technisch unmöglich gemacht, dass mich Kopien von unerwünschten Schreiben erreichen. So befreie ich mich von dreihundert Mails, die ich wöchentlich lesen und beantworten müsste, die mich selten direkt betreffen und mich also unnötigerweise belasten.

Verbote allein bringen nichts, gleichzeitig müssen vernünftige Alternativen geschaffen werden: So weise ich meine Abteilungsleiter an, für relevante oder ihnen wichtig erscheinende Anliegen direkt mit mir in Kontakt zu treten. Spontan geführte Einzelgespräche und häufige Feedbacks sind effizienter als seitenlange Analysen und Protokolle, die hauptsächlich der Eitelkeit ihrer Verfasser dienen. Als Gastgeber will ich über genügend Zeit und Ruhe verfügen, um mich ausgiebig um meine Gäste und ihr Wohlergehen zu kümmern, und zwischendurch sorge ich dafür, dass meine Balance im Lot bleibt, indem ich zu einer Runde Golf aufbreche, Freunde treffe oder mich meiner Lieblingslektüre widme: Meine Bibliothek umfasst mittlerweile Hunderte von Büchern, die sich mit den Erkenntnissen aus der internationalen Glücksforschung und den neuen Ansätzen im positiven Leadership befassen. In zwei Regalen steht spirituelle und philosophische Literatur – von Tagore bis Schopenhauer –, der ich mich ebenfalls gerne widme.

Ich lebe mein Leben – sagt Sylvia jetzt immer öfters – genau so, wie es mir passt, das heißt ohne Rücksicht auf ihre Bedürfnisse. Heute weiß ich, dass sie recht hatte. Nicht bereit, auf die Veränderungswünsche meiner Frau einzugehen, deren berufliche Aufgabenbereiche weitaus anstrengender und nervenaufreibender sind als meine eigenen, weil sie jeden Erfolg hart erkämpft hat, finde ich eine einfache Erklärung für mein Verhalten: Mein Glück, die lockere Art und Weise, wie ich durchs Leben gehe, halte ich für eine Eigenleistung, die kopierbar ist, wenn es an gutem Willen nicht fehlt. Den Vorwürfen meiner Frau, wonach ich den Kindern und ihr mehr Zeit und Aufmerksamkeit schenken sollte, verschließe ich mich, worauf diese noch drängender werden.

Bald verbringe ich zu den ohnehin überlangen Tagen auch meine Freizeit im Betrieb. Das Grandhotel vermittelt mir zu diesem Zeitpunkt beinahe alles, was ich für meine Zufriedenheit benötige: Abwechslung, Spaß, Bestätigung. Vor Mitternacht bin ich selten zu Hause, und obwohl wir Office an

Office arbeiten, physisch nur einen Meter voneinander entfernt sind, öffnet sich zwischen Sylvia und mir eine schweigsame Kluft, die ich leicht und ohne Schmerz ignoriere. Ähnlich, wie meine Mutter die Bedürfnisse meines Vaters aus Bequemlichkeit zur Seite schob, verfahre ich mit den Wünschen jenes Menschen, der mir das Wichtigste im Leben ist, unvorsichtig und verantwortungslos. Ein Riesenfehler, der in eine Krise führen muss, denn die Freude aneinander schwindet, bis beinahe nichts mehr an Nähe und Verbundenheit übrig bleibt.

Wir sind Verdrängungskünstler, und im Willen, nicht sehen zu wollen, was als Schneeflocke auf einen Steilhang fällt, sich zusammenballt und zu einer Lawine anwachsen kann, die alles unter sich begräbt, verhärtet man sich, sieht nicht und spürt nicht, was zu Entfremdung und Enttäuschung führen muss. Die Unfähigkeit, tiefe und vernünftige Gespräche zu führen, aus Angst, aber auch aus Desinteresse, ist eine erschreckende Erfahrung, weil man die Leere erkennt, den Abgrund auch, vor dem man steht.

Und eine Einsicht bestätigt sich: Das Glück lässt sich nicht auf dem Unglück anderer aufbauen. Die Erkenntnis, dass sich unsere Liebe auf dem Prüfstand befindet, trifft meine Frau und mich als imposantes Ereignis. Wiederholt kommt es zu heftigen, aber kurzen Streitigkeiten, und dann fragen wir uns, wie es zu dieser beinahe unvorstellbaren Situation kommen konnte, die ein Resultat von tausend kleinen Versäumnissen ist, ein jahrelanges Ignorieren meinerseits von Sylvias Glücksvorstellungen, die mit meinen nicht vereinbar waren. Das Verdrängen von Problemen birgt die Hoffnung, dass die Zeit

Wunden heilt, man ohne Veränderung so weitermachen kann wie bisher, doch dieses Verhalten ebnet der Bitterkeit den Weg. Die kritische Auseinandersetzung mit sich selbst ist die schwerwiegende und notwendige Konsequenz jeder Liebeskrise, es ist ein schmerzhafter Prozess, den auch viele andere Paare durchmachen.

Vielleicht, weil kein anderes Thema stärker mit dem Lebensglück in Verbindung steht? Neunzig Prozent aller Schweizerinnen und Schweizer gaben in einer repräsentativen Untersuchung der Universität Zürich an, eine stabile und verlässliche Partnerschaft gehöre zu einem zufriedenen Leben. Jene Erwartungen, die mit dem romantischen Liebesideal einhergehen, sind hoch, das Unvermögen, gegenseitige Verschiedenheit zu akzeptieren, auch – das lassen die Scheidungsraten vermuten, die in der Schweiz im Jahr 2011 mit rund vierundfünfzig Prozent einen historischen Höchststand erreichten. Man glaubt, in einem einzigen Menschen alles zu finden, für immer. Aber die Menschen entwickeln sich, und die Liebe verändert sich, gerät auf Abwege, kommt einem abhanden, kehrt nicht ohne Kampf zurück.

Theoretisch ist man sich vieler Kalamitäten, die mit der Liebe verbunden sind, bewusst, geschieht die Veränderung im eigenen Leben – so erfahre ich an mir selbst und heute auch in meinen Coachings –, sind die Betroffenen so schockiert und enttäuscht, dass ihr Vertrauen in den anderen und auch in sich selbst geschädigt bleiben kann. Manche mögen den mühsamen Weg nicht auf sich nehmen, ergreifen die Flucht und entledigen sich auf dem kurzen Dienstweg einer Problematik, die sie mit ziemlicher Sicherheit in der nächsten oder übernächsten Beziehung einholen wird. Wer zu kämpfen bereit ist, muss sich nicht vorwerfen, etwas unversucht gelassen zu haben. Doch beim Versuch, zu thematisieren, was nicht glücklich macht, können neue Blessuren und zusätzliche Verwirrung entstehen.

Ich bin kein Verfechter der Haltung, dass Ehen um jeden Preis unaufgelöst bleiben müssen, auch wenn alles in Scherben vor einem liegt. Die Freiwilligkeit heutiger Verbindungen, die ohne wirtschaftliche Zwänge und andere Gründe der Vernunft auskommen dürfen, bedeutet, dass Männer und Frauen nicht ausharren müssen. Ein Fortschritt, der oft mit der Schwierigkeit verbunden ist, nicht zu wissen, ob man gehen oder bleiben soll.

Zu verlieren, was, vielleicht Chancen auf ein neues Glück geboten hätte, muss eine herzzerreißende Erfahrung sein. Kampflos aufgeben wollen Sylvia und ich einander sowieso nicht, so viel steht schnell fest. Eine Krise zwischen Traumpartnern ist zwar eine deprimierende und schmerzhafte Erfahrung, bietet aber auch die Möglichkeit, zu bereinigen, zu klären, zu verstehen. So gewinne ich auch dieser Zäsur Positives ab, was der Krise wiederum einen Sinn verleiht.

Von den tausendfach transportierten Vorstellungen, wie die perfekte, große und leidenschaftliche Liebe zu funktionieren hat, darf man sich verabschieden. Dieses Ideal erweist sich in der Realität als Illusion, und das ist gut so: weil ein Partner mehr sein darf als eine Traumvorstellung. Seit unserem gemeinsamen Rückzug aus dem Grandhotel führt Sylvia ein eigenständiges Berufsleben, manchmal sind wir tagelang getrennt, freuen uns dementsprechend, wenn wir uns wiedersehen, reden, lachen und leben, gemeinsam in unserem wunderschönen Zuhause. Wir befinden uns auf dem besten Weg zu einer neuen Liebe, die – so romantisch sind wir beide geblieben – hoffentlich alle Zeiten überdauern wird.

Neues Glück

Seit jenem Tag, als sich das Grandhotel als verzaubertes Märchenschloss im Rückspiegel meines Autos verabschiedete, sind viele Monate vergangen. Mein Leben hat sich verändert. Die Selbständigkeit bedeutet Autonomie, aber auch eine disziplinierte und bisweilen akribische Planung des Alltags. Macht sich bei seltenen Gelegenheiten eine schlechte Stimmung breit, versickert sie nicht in einem gut gelaunten Team, das einen ständig umgibt, und auch nicht in jenen glamourösen Ablenkungen und routinierten Aufgaben, die mir das Hotelleben so viele Jahrzehnte lang bot. Ich bin in solchen Situationen mit mir allein, erlebe diese Eigenverantwortung aber als Bereicherung.

An meinen ersten Auftrag, der dem überstürzten Abschied im »Belvédère« folgte, denke ich besonders gern zurück: Als ich spätnachts in Stuttgart eintreffe, nimmt mich die Nachtschwester der Seniorenresidenz in Empfang. Im Haus ist es still und dunkel. Es riecht nach Desinfektionsmittel. Mein erster freiberuflicher Auftrag, den ich einem guten Freund zu verdanken habe, führt mich in eine Welt, die mir komplett fremd ist und in krassem Gegensatz zu meinem alten Leben steht. Vielleicht sind es die Nachwirkungen des forcierten Abschieds, auch Hoffnung, Freude und Erwartung, die mit der ungewissen Zukunft verbunden sind: Die hektische und ausschweifende Hotelwelt klingt in den folgenden Tagen in mir nach, die Erinnerungen an ein Universum, das sich durch den Überfluss definiert, die Schönheit, die Exklusivität und die Opulenz. Die Vergangenheit: ein Dasein im XL-Format, in dem nicht nur die Kristalllüster heller funkeln als anderswo, auch manches Ego schillert und flackert im exklusiven Ambiente, wirft große Schatten und entwickelt höchste Ansprüche.

Nun betrete ich eine stille Welt des Mangels mit blassen Menschen, die sich im Zeitlupentempo fortbewegen und immer weniger werden in der letzten Lebensphase, die sich im Nichts auflösen wird. Meine Aufgabe lautet prosaisch: »Vorschläge zur Effektivitätssteigerung der Institution«. Zu diesem Zweck müssen die internen Servicedienstleistungsketten der verschiedenen zur Seniorenresidenz gehörenden Häuser analysiert werden. Motivationstrainings sind geplant, und ausführliche Berichte mit detaillierten Verbesserungsvorschlägen werden erwartet. Nach einer unruhigen Nacht absolviere ich einen ersten Rundgang: Die Einrichtung blitzt vor Sauberkeit. Wie mit der Nagelschere zurechtgeschnippelt, präsentieren sich die Rasenflächen der Gartenanlage, ebenso akkurat und steril die Blumenbeete und gestutzten Hecken. Im Innern der Wohnheime liegen die einzelnen Zimmer der Senioren an langen spitalähnlichen Korridoren. Erhellt durch gleißende Lichtquellen, versprühen Esszimmer und der Gemeinschaftsraum den Charme einer keimfreien, stillen Quarantäne, und wenn pünktlich die Mahlzeiten serviert werden, hört man nur das Klappern des Geschirrs.

In den folgenden Tagen führe ich Gespräche mit den Leiterinnen der Institution, mit Mitarbeitern, Gästen und den Senioren. In diesem reinlichen Universum erhalten die Menschen zu essen und zu trinken, im Winter wird geheizt, im Sommer sind die Fenster geöffnet. In jedem Zimmer steht ein Fernseher, und wenn ein medizinisches Problem droht, ist ein gut ausgebildetes Pflegeteam sofort zur Stelle. Die Pillen und Pülverchen, pflichtbewusst abgezählt und abgewogen, werden nach Wochentagen geordnet verabreicht, der Blutdruck regelmäßig gemessen, die Fingernägel geschnitten, der Teebecher aufgefüllt, die Pantoffeln haben rutschfeste Sohlen. Niemand stirbt hier, weil bei der Umsorgung des Körpers gespart würde, es an Verantwortungsgefühl oder Vorsicht des Personals mangelte. Was fehlt, ist Zeit. Um zu trösten. Ein Gespräch zu führen. Eine Hand zu halten.

Was bleibt am Ende des Lebens? Wenn fast alles hinter einem liegt, man Kinder großgezogen hat, ein Berufsleben beendet ist, die besten Jahre des Rentnerdaseins hinter einem liegen und verschiedene Gebresten die Selbständigkeit einschränken, bis man sein Schicksal, ob man will oder nicht, in die Hände anderer legen muss. Man muss im hohen Alter auf vieles verzichten: auf manche Möglichkeiten der Zerstreuung und der Ablenkung, auf das Bedürfnis nach Anerkennung, auf jene, die nur selten zu Besuch kommen, und all jene, die einen verlassen haben, weil sie bereits gestorben sind, und auf die Hoffnung, dass bald alles wieder besser wird. Was bleibt, ist das Bedürfnis nach Zuwendung. In der Hektik des Pflegealltags – zu dem unsinnige Arbeitsabläufe gehören, wie ich bald feststellen werde – geht auch der bescheidenste Selbstbestimmungsanspruch unter: am Abend duschen anstatt am Morgen. Eine bestimmte Sorte Erdbeerjoghurt als Zwischenmahlzeit essen. Schuhe anstelle von Pantoffeln.

Die konsequente Nichterfüllung dieser kleinen Wünsche machen mich nachdenklich. Es ist nicht die Unmenschlichkeit der Institution und nicht die Gleichgültigkeit der Mitarbeitenden, die den Missstand begünstigen. Sondern jene Details, die, wie in vielen anderen Firmen auch, die Abläufe erschweren und verlangsamen, was letztlich dazu führt, dass die Angestellten in Bergen von internen Bestimmungen, stumpfsinnigen Regeln und starren Strukturen versinken, die weder zeitgemäß noch sinnvoll sind und sie von den wesentlichen Aufgaben abhalten. Der Zufriedenheit der Mitarbeiter dienen solche Arbeitsbedingungen nicht, was sich auch anderswo in übermäßigen Krankheitsabsenzen und hohen Fluktuationsraten auswirkt. Beides deutet immer darauf hin, dass es den Leuten nicht gut geht, sprich: der Chef etwas falsch macht. Meine Frage, ob ein Mitarbeitereinsatz, der über die erwartete Leistung hinausgeht, belohnt wird – beispielsweise wenn sich jemand nach Arbeitsschluss fünf Minuten Zeit nimmt, um sich mit den Sorgen eines Seniors zu befassen –, muss mit Nein beantwortet werden. Allerdings ist es nicht Aufgabe des Personals, Überstunden zu absolvieren, damit die Bewohner der Residenz jene emotionale Zuwendung erhalten, die sie sich wünschen.

Nach einigen Tagen stelle ich fest, dass die Pflegenden beinahe täglich Listen und ausführliche Berichte verfassen müssen, beispielsweise zur Nahrungsaufnahme und Ansprechbarkeit von kerngesunden Senioren, es werden also unsinnige

Informationen festgehalten, die nichts bringen und niemandem dienen. Die Produktion dieser Papierberge benötigt unglaublich viel Zeit. Das Argument, man erledige dies seit Jahren auf diese Art und Weise, daher sei das Vorgehen nicht infrage zu stellen, erstaunt mich nicht. Je länger die gleichen Fehler gemacht werden, desto heftiger werden sie normalerweise gerechtfertigt, und eine interne Entflechtung ist oft schwierig, weil es in jeder Firma, meist in der Chefetage, ein paar Unverbesserliche gibt, die auf Gedeih und Verderb am Althergebrachten festhalten: Weil alles andere bedeuten würde, dass sie ihre Hirnzellen anstrengen und die bequemen Routinen verlassen müssten. Mein Vorschlag lautet: Gibt es keine anders lautenden Anweisungen oder gesetzlichen Bestimmungen, kann man die zeitraubende Schreibarbeit sorglos abschaffen, was zu einer täglichen Einsparung von vielen Stunden führt. Zeit, die künftig den betagten Frauen und Männern zugutekommen kann.

Meine Problemanalysen und Lösungskonzepte fallen umfangreich aus, und viele praktische Anregungen werden in den kommenden Monaten umgesetzt, wie mir die Geschäftsleitung ankündigt. Am letzten Tag sitze ich bei einem Becher blassen Tee und halte die Hand einer fünfundneunzigjährigen Dame, die mir lächelnd von ihrem Lieblingsbuch erzählt. Als Hotelier sah ich meine Aufgabe darin, die Reichen und Privilegierten glücklich zu machen. Nun darf ich zum winzigen Glück derjenigen beitragen, die es vielleicht mehr als alle anderen verdient haben. Es ist ein gutes Gefühl, und es bestärkt mich darin, richtig entschieden zu haben, nämlich: von vielem weniger zu wollen.

Und anderes kam im neuen Alltag dazu: Die Freiheit, bis ins kleinste Detail zu bestimmen, was ich machen will, bedeutet Lebensqualität. Ich reise so viel wie nie, und gleichzeitig bin ich sesshafter denn je. Was dazu führt, dass ich heute auch Spezialist im Schneeschaufeln und Pizzabacken bin, weiß, wie eine Waschmaschine funktioniert, wie viel ein Kilogramm Zucker oder Kartoffeln kostet und dass Seidenhemden beim Bügeln auf höchster Stufe Schaden nehmen. Im Wissen, die nötigen Veränderungen vorangetrieben zu haben, damit ich mein Dasein weiterhin als sinnvoll erlebe, spreche ich in meinen Coachings nun auch von meinen privaten Erfahrungen, die mit einem solchen Prozess einhergehen. Und davon, dass der Kampf um die Zufriedenheit nie endet, weil das Glück lebendig und beweglich bleibt, bisweilen unberechenbare Sprünge vollführt. Was gestern zufrieden machte, ist heute vielleicht Grund für eine Krise. Auf der Suche nach dem gelingenden Leben gibt es Widerstände, und manchmal macht einem das eigene Unvermögen, Wichtiges sehen zu wollen, einen Strich durch die Rechnung. Im dümmsten, vielleicht auch im richtigen Moment: wenn man mit sich selbst ganz zufrieden ist.

… zum Glücksbringer

Optimisten-Gen?

Als ich nach fünfzehn Jahren »Belvédère« meine eigene berufliche Zukunft überdenke, mache ich mir Gedanken zu meinem Lebensgefühl und komme zum Schluss: Ich hatte nicht viel mehr Glück im Leben als ein Pechvogel. Aber ich ging vielleicht mit Hindernissen und Widerständen flexibel um, nahm das Unglück, meine Widersacher und den Misserfolg wohl zur Kenntnis, orientierte mich geistig und seelisch aber bewusst an den positiven Umständen, versuchte, Mitarbeiter, Gäste und Freunde ähnlich zu motivieren; und erkenne nun, dass darin ein Konzept für den beruflichen Erfolg und die Lebenszufriedenheit liegen könnte. In der Zwischenzeit sind meine diesbezüglichen Erkenntnisse und Erfahrungen ein offenes Geheimnis, denn ich erzähle auch in meinen Seminaren und Schulungen davon.

Dass die Wissenschaft vom Glück nicht nur schöngeistig ausgerichtet ist, zeigen die zahlreichen akademischen Disziplinen, die den Bedingungen für ein gutes Leben ebenso auf die Spur kommen wollen wie den Auswirkungen, die das Glück und das Unglück auf die Arbeitsleistung und auf die Gesundheit der Menschen haben. Über fünfhundert Untersuchungen wurden in den vergangenen zwanzig Jahren durchgeführt, aber eine allgemeingültige Theorie zum Glück konnte bisher nicht geschrieben werden. Bereits bei der Frage, was Glück ist, gehen die Meinungen auseinander: Ist es Freisein von Leid und Mangel, die Abwesenheit von Schmerz oder doch viel mehr und auch anderes? Ein subjektives Wohlbefinden? Lebensqualität? Das Gute? Oder ist die Suche nach der Freude nur dann dringlich, wenn wir leiden, wie Epikur sagte? Und welche Faktoren begünstigen das Glück oder das Unglück? Was man heute mit Sicherheit weiß: Das Einkommen, die sozialen Bindungen, die Ehe, das politische System, in dem der Einzelne lebt, tragen zum Glück oder Unglück bei, und der »Freiheit« kommt eine Schlüsselrolle zu. Die politische, ökonomische und die persönliche Freiheit, die Freiheit, in verschiedenen Bereichen Entscheidungen treffen zu können, beeinflusst das Wohlbefinden der Menschen mehr als alles andere.

Auf der Suche nach den Gründen für das Glück werden auch die Unglücklichen genau beobachtet. Die Weltgesundheitsorganisation (WHO) schätzt die Zahl jener, die innerhalb ihrer Lebenszeit mit Depressionen konfrontiert sind, auf hundertzwanzig Millionen Menschen. Schicksalsschläge, Arbeitslosigkeit, Scheidung und Krankheit können eine Depression auslösen. Aber nicht alle Menschen, die »unfrei« sind, keine so gute Ehe führen oder weniger verdienen, als sie möchten, bezeichnen sich in den entsprechenden Untersuchungen als unglücklich. Wieso nicht? Die Wissenschaft interessiert sich in diesem Zusammenhang für jene, die schlimmste Erfahrungen machen mussten. Schreckliche Erlebnisse – Gewaltverbrechen, Gefangenschaft, Kriegserlebnisse und grauenhafte Unfälle – lösen bei manchen Betroffenen posttraumatische Belastungsstörungen und schwere Depressionen aus, während als »resilient« bezeichnete Männer und Frauen solche Schicksalsschläge mittel- und langfristig gesehen beinahe unbeschadet überstehen. Ihre Fähigkeit, durch Rückgriff auf eigene Ressourcen solche Krisen zu meistern, sei ausgeprägter als bei anderen, heißt es. Als würde ein schützendes Mäntelchen ihre Seele umhüllen, scheinen sie Wege zu finden, um die Zukunft nach einer Weile erneut positiv anzugehen; vielen von ihnen gelingt dies sogar ohne Hilfe von außen.

Die Ansätze der Neurobiologie versuchen das Erkennen von Emotionen hirnphysiologisch zu erklären. Eine höhere Aktivität des linken präfrontalen Cortex steht in Verbindung mit einer offenen, neugierigen Haltung gegenüber Reizen, und in verschiedenen Experimenten konnte die Verbindung zwischen Hirnaktivität und der persönlichen Einschätzung des Glücks gemacht werden. Eine aktuelle britische Studie, die das Phänomen der Resilienz beleuchtet, fand unterschiedliche Mengen von Stresshormonen in den Speichelproben von Menschen, die ähnlich Schreckliches erlebt haben, aber völlig unterschiedlich darauf reagierten, und funktionale Magnetresonanzbilder geben Aufschluss darüber, welche Bereiche des Gehirns bei der Lösung von spezifischen Aufgaben besonders aktiv sind. Als resilient vermutete Probanden erinnern sich eher an glückliche Gesichter als an unglückliche, auch erweist sich ihr Erinnerungsvermögen bei schlechten Ereignissen als eingeschränkt.

Insbesondere wurde jedoch bestätigt, was schon lange vermutet wird: Resiliente Menschen verfügen über eine kognitive Flexibilität, also über die Kapazität, Denkprozesse an unterschiedliche Situationen anzupassen. So sind sie in der Lage, negative Ereignisse zu interpretieren, bis sie »einen Sinn« ergeben: Sie regulieren sich, wenn man so will, selbst. Das Glück einzig aus wissenschaftlicher Perspektive beurteilen zu wollen, sei jedoch falsch, sagen andere Experten, weil unbewusste Verhaltensweisen, gesellschaftliche Rahmenbedingungen sowie erbliche Voraussetzungen dazu beitragen, wie Menschen ihr Glück messen und benennen. Die Voraussetzungen zum Glück oder Unglück hängen bei allen Menschen zu fünfzig Prozent von der genetischen Disposition ab, und zehn Prozent sind durch Faktoren wie Bildung, Einkommen, Familienstand und Erfahrungen der Kindheit geprägt. Der amerikanische Psychiater und Glücksforscher Martin Seligman sagt dazu: Vierzig Prozent sind veränderbar, eine Einflussnahme auf das Glück ist möglich. Die Pessimisten hingegen, orientieren sich an den unverrückbar erscheinenden Voraussetzungen: an den sechzig Prozent, die unbeeinflussbar sind.

In meinem neuen Berufsalltag begegnen mir beide Menschentypen: Lebenskünstler, die sich beinahe mühelos durch die Irrungen und Wirrungen des Lebens manövrieren, und andere, die sich so viel schwerer tun, oder müsste man im Wissen um die neuen Erkenntnisse sagen: die es sich schwer machen? Die sich weigern, die Dinge aus einem neuen Blickwinkel wahrzunehmen, die nicht umdenken wollen? Was ich in der Gaststube meiner Mutter erfuhr, findet in meinen Coachings seine Bestätigung: Auch Menschen, denen schwere Schicksalsschläge bisher erspart geblieben sind, gehen bisweilen mit einer negativen Grundhaltung durchs Leben, die zum Selbstzweck mutieren kann. Fragt man sie, wieso sie sich dazu entschieden haben, negativ zu denken und entsprechend zu handeln, erhält man zur Antwort: »Das geschieht nicht freiwillig, ich bin einfach so.« Abgesehen davon, dass die selbsternannten Pechvögel andere oft ausgiebig beurteilen und verurteilen, verstärkt die permanente Auseinandersetzung mit Misslichkeiten aller Art ihr Gefühl von Ärger, Missmut und Frustration. Am härtesten gehen die Pessimisten mit sich selbst ins Gericht. Anforderungen, egal, ob in Beruf oder Partnerschaft, werden sie seltener gerecht als die Optimisten, was gewissermaßen in der Natur der Sache liegt. Da die Schwarzmaler ihre Ziele aus Prinzip unglaublich hoch stecken, ist der Misserfolg programmiert, und somit fehlt es ihnen nicht nur an Wertschätzung durch andere Personen, sondern auch an Erfolgsmomenten, die motivierend wirken.

In der Überzeugung, diesen Status nicht selbst gewählt zu haben, sondern vom Pech verfolgt zu sein, sinken Selbstbewusstsein und Energielevel stetig: Nicht erkannt in ihren Talenten und gerügt für ihre nicht vollbrachten Leistungen, werfen sie die Flinte immer öfters mutlos ins Korn. Um sich mit voller Konzentration jenen Gedanken und Tagträumereien hinzugeben, in denen sich die Zukunft ungut präsentiert. Manche Pessimisten manövrieren sich selbst in den Misserfolg, und dass sich ihre schlimmsten Befürchtungen immer öfter bewahrheiten, ist – traurig, aber wahr – ihre einzige Bestätigung.

Glücklicherweise funktionieren viele Menschen genau umgekehrt. Während sich die Eidgenossen im internationalen Vergleich als sehr glücklich bezeichnen, wie der Schweizer Glücksforscher Bruno S. Frey sagt, glauben fünfundsechzig Prozent aller Deutschen an die Kraft des positiven Denkens. Jene Menschen, die ich als Coach begleiten darf und die nicht selten mit handfesten Problemen zu kämpfen haben, sich aber trotz allem auf der Sonnenseite des Lebens stehend wahrnehmen, versuchen sich auf die positiven Aspekte ihres Daseins zu konzentrieren. Das geschieht bei vielen nicht automatisch. Bewusstsein, Disziplin, Energie – und Ausdauer – sind notwendig, will man sein Denken nachhaltig in positive Bahnen lenken.

Optimisten verfügen über einen Riesenvorteil, denn sie gehen davon aus, dass der Satz »Du bist deines eigenen Glückes Schmied« seine Richtigkeit hat, und setzen Veränderungsmöglichkeiten und eigene Erkenntnisse nicht selten in die Tat um. Die Eigenverantwortung dieser Männer und Frauen bewundere ich, und noch anderes stelle ich bei diesem der Heiterkeit verpflichteten Menschenschlag fest: Zurückweisungen und Niederlagen nehmen sie sportlicher als andere. Sie wissen ihre eigenen Stärken zu benennen. Im Willen, allfällige Probleme zu lösen, suchen sie nach verschiedenen Möglichkeiten und verhalten sich flexibel. Fähig, ungute Situationen und vermeintliche Ungerechtigkeiten nach einer gewissen Zeit mit einer inneren Distanz zu beurteilen, suchen sie die Fehler nicht nur bei anderen, sondern auch bei sich selbst. Nicht nur das seelische Befinden und die geistigen sowie kreativen Fähigkeiten entwickeln sich zum Vorteil jener, die das Leben nicht rabenschwarz sehen. Zwischenmenschliche Beziehungen, auch berufliche und finanzielle Vorteile sind positive Resultate dieser Haltung.

Auch Optimisten leiden unter seelischen Verstimmungen, fühlen sich niedergeschlagen oder gereizt. Gleichzeitig versuchen sie, nicht allzu lange in diesem Gemütszustand zu verharren und Rückschläge als vorübergehendes Übel zu betrachten. Ausgeglichene Menschen, das bestätigt die wissenschaftliche

Forschung, verfügen über eine bessere Merkfähigkeit, sind fokussierter und ideenreicher als andere, und zahlreiche Untersuchungen zeigen sogar, dass körperliche Abwehrkräfte sich durch eine hoffnungsvolle Einstellung verbessern können. Beruflich sind Optimisten oft erfolgreicher, auch weil sie in Misserfolgen die Chance für neue Erkenntnisse sehen. Aber das Wichtigste: Optimisten haben eine wohlwollende Haltung gegenüber ihren Mitmenschen, sehen diese nicht als Feinde und machen dadurch seltener als andere schlechte Erfahrungen. Auch, weil sie sich gerne mit Gleichgesinnten umgeben.

Die Kraft des positiven Denkens, lange Zeit als halbesoterische Ermutigungsstrategie jener verschrien, die das Unangenehme ausklammern, sich auf das Gute konzentrieren, anstatt das Kaputte reparieren zu wollen, erfährt heute eine neue Ernsthaftigkeit. Martin Seligman gilt als Begründer der positiven Psychologie, die bereits an über hundert Universitäten gelehrt wird. Optimismus, Vertrauen, Verzeihen und Solidarität sind Gegenstand seiner Forschungsprogramme, die untersuchen, was alle Menschen – egal, wie ihre erblichen Dispositionen sind – stärkt und zufrieden machen kann. Aus der positiven Psychologie entstand in Europa die interdisziplinär geprägte Glücksforschung, die auch in den Bereichen Coaching und Leadership interessante Lösungsansätze entwickelte. Wissenschaftlich ist es erwiesen: Die Disposition zum Optimismus trägt jeder Mensch in sich, und positives Denken ist lernbar. Es geschieht nicht von heute auf morgen, und einfache Ratschläge oder schnell anwendbare Tricks sind auch nicht angebracht. Eine optimistische Grundhaltung lässt sich leider nicht antrainieren wie Muskeln im Fitnessstudio. Es geht im weitesten Sinn darum, die Grenzen unseres Denkens zu erweitern. Aus diesem Grund ist die Suche nach dem guten Leben mit Aufwand verbunden. Wie schwierig der Kampf um das Glück sein kann, sehe ich in meinen privaten Coachings. Mit der Hilfe eines Experten kann das versteckte Potenzial zwar erkannt, können Lösungsansätze skizziert und Fortschritte, die sich oft in winzigen Schritten vollziehen, vorangetrieben werden. Aber den inneren Weg müssen die Menschen selbst gehen, ebenso wie sie Geduld und Mut aufbringen müssen, um Veränderungen nachhaltig umzusetzen.

Fast allen fällt es schwer, sich unvoreingenommen mit Vorstellungen zu beschäftigen, die gewohnte Denkmuster infrage stellen. Der spanische Neurologe Mario Alonso Puig – er befasst sich mit der Frage, wie sich Resilienz als Charakterstärke im Menschen entwickeln lässt – spricht im Zusammenhang mit dem Unvermögen, das Leben aus einer positiven Perspektive zu betrachten, auch von emotionalen Blockaden. Um das Rätsel zu lösen, warum sich manche Menschen nach Schicksalsschlägen und traumatischen Erfahrungen schneller erholen als andere, müsse man in die komplexen Antriebsfedern des menschlichen Geistes eintauchen. Alonso Puig vertritt den Standpunkt, unsere seelische und geistige Programmierung beruhe in erster Linie auf Erfahrungen, die bestimmen, auf welche Art und Weise das Gehirn in Zukunft arbeiten soll. Manche dieser Erfahrungen sind überlebenswichtig, andere stellen eine erhebliche Einschränkung dar. Dass das Gehirn von Erwachsenen noch formbar ist, durch Umdenken die Schaltkreise des Gehirns verändert werden können, ist die gute Nachricht. Blickwinkel zu finden, die einen Perspektivenwechsel herbeiführen können, ist ein Schritt auf dem Weg, sich selbst positiv wahrzunehmen und einen Neubeginn zu wagen. Denn die eigene Identität, so wie wir meinen »zu sein«, ist in den allermeisten Fällen ein Trugschluss.

Jene Menschen, die sich selbst als negativ wahrnehmen, klammern all das, was sie an Stärken und positiven Eigenschaften ausmacht, aus. Auch weil anderes nicht ins Selbstbild und zu den dazugehörigen immer gleichen Reaktionen und Gefühlsäußerungen passt. Es geht also auch darum, Teile unserer Identität zu überlisten, die uns mit einem Trommelfeuer an Gedanken bombardieren und damit einen solchen mentalen Lärm verursachen, dass wir den viel subtileren Klang verborgener Dimensionen nicht wahrnehmen, wie es Alonso Puig formuliert. Wenn Furcht und Hoffnungslosigkeit unser Handeln leiten, kann man von einem regelrechten Gehirnkidnapping sprechen: Intelligenz und das Vermögen, Probleme zu lösen, spielen in diesem Zustand immer eine untergeordnete Rolle. Das gilt insbesondere für schwierige Situationen, in denen wir enorm unter Druck geraten, weil Entscheidungen schwerwiegende Konsequenzen zur Folge haben können. Um über sich selbst hinauswachsen zu können, müssen also innere Filter gereinigt und entsprechende Muster überwunden werden. Nur so können die Gedanken verändert werden. Gedanken sind wiederum Energie, sie bestimmen unsere Gefühlswelt und letztlich unser Handeln.

Am leichtesten lassen sich gewohnte Wahrnehmungen durch das Erzeugen von Emotionen verändern. Was wir oft tun, brennt sich ebenso in unser Gehirn ein wie das, was wir oft denken; man nennt das Neuroplastizität. Wer es schafft, die Dinge und sich selbst aus einem anderen Blickwinkel zu betrachten, hat viel erreicht, weil eine veränderte Wahrnehmung auch die Dinge selbst verändert. Wenn man sich seiner persönlichen Charakterstärken und Fähigkeiten bewusst wird und sich auch die Mühe macht, über diese nachzudenken, sie zu benennen und gezielt einzusetzen, ist man dem Glück einen Schritt näher gekommen. Es klingt komplizierter, als es ist: Indem man sich zum Beispiel jene kleinen Erfolge vor Augen führt, die jeder Mensch jeden Tag verzeichnet, kann eine winzige Veränderung des Gemütszustandes bewirkt werden.

Solche Interventionen leben von der Regelmäßigkeit, also von der Disziplin, sie regelmäßig durchzuführen. Für die täglichen Yogaübungen nimmt man sich auch Zeit: Wieso nicht auch für die Kontrolle seiner Gedanken? So könnte ich denken: Ich habe in meinem Leben viele Fehler gemacht. Stattdessen sage ich mir ganz simpel, aber sehr bewusst: Es gab viele Erfahrungen in meinem Leben. Mario Alonso Puig, aber auch Martin Seligman regen zudem an, aus der Dankbarkeit eine abendliche Angewohnheit zu machen, bei der man das Erlebte Revue passieren lässt und sich auch die kleinen erfreulichen Begebenheiten des vergangenen Tages ins Gedächtnis ruft. Ich selber führe diese Übung täglich durch. Ein anderes Ritual praktiziere ich nach dem Aufwachen am Morgen: Dabei stelle ich mir vor, was ich erleben werde, und bedanke mich vorsorglich für alles, was sein wird. Und: Wer verzeihen kann, das bestätigen die Experten der positiven Psychologie ebenfalls, hängt nicht länger in negativen Erinnerungen fest.

Schlechte Erfahrungen, Enttäuschungen gehören zu jedem Leben, wer würde dies bestreiten wollen. Ich spreche nicht von

Schicksalsschlägen, dem alles verzehrenden Gefühl der Verzweiflung, wenn wir Menschen verlieren, die wir lieben, oder anderen Katastrophen, die unser Innerstes erschüttern. Das ist ein anderes Kapitel und erfordert entsprechende Hilfestellungen. Aber die Tendenz, in unguten Begebenheiten des Alltags und schlechten Erfahrungen der Vergangenheit zu verharren, die Gedanken stundenlang und immer wieder zu wälzen, bringt keine Linderung, vor allem weil man auf manche Fragen keine Antworten findet, nicht alles erklärbar oder gerecht ist. Den negativen Gefühlen freien Lauf lassen? Nein, dabei handelt es sich um einen großen Psycho-Irrtum. Die andauernde Selbstreflexion, das obsessive Hinterfragen der eigenen schlechten Stimmung kann man ebenfalls vergessen. Es bringt nichts. Viel eher geht es um das Entschlüsseln der Message, die mit negativen Ereignissen – und vor allem jenen, die sich wiederholen – verbunden sein könnte.

Man kann dieses Verhalten als unerschütterlichen Zweckoptimismus kritisieren, der eine Ablenkung von den tiefen und interessanten Abgründen des Unglücks ist. Ich stelle mich auf den Standpunkt, dass man mit Enttäuschungen, Seelenschmerz und den damit zusammenhängenden negativen Erlebnissen abschließen kann, wenn man will. Als ich als Vierjähriger miterleben musste, wie mein Freund Georg von einem Lastwagen überfahren und getötet wurde, hätte ich mich in späteren Jahren fragen können: Wieso er? Wieso nicht ich? Schuldgefühle, dass ich nicht darauf achtete, als er in blindem Vertrauen hinter mir hereilte, hätten im reiferen Leben zu einer Krise führen können, und manche mögen sagen, es sei ein reiner Verdrängungsprozess, dass mich dieses Drama nicht nachhaltig geprägt hat. Aber nicht mangelndes Bewusstsein ist dafür verantwortlich, sondern eine bewusste Entscheidung, mit diesem Schicksal umzugehen. Die Vorstellung, dass mir in jenen Sekunden ein Schutzengel aus unerfindlichen Gründen das Leben retten wollte, erfüllt mich bis zum heutigen Tag mit Dankbarkeit.

Wenn mich Großkonzerne und mittelständische Firmen heute für Mitarbeitercoachings engagieren, die mehrere Tage dauern können und einem genauen Ablauf folgen, machen sie dies nicht uneigennützig. Sie wissen: Jene, die ihre Situation beruflich und privat positiv beurteilen oder im Verlaufe einer Beratung Einsichten gewinnen, wie sie Veränderungsprozesse anstoßen können, sind leistungsfähigere Mitarbeiter. Auch angesichts eines riesigen Heers an Burn-out-Patienten, die zusammen mit anderen stressbedingten Ausfällen wirtschaftliche Kosten in Milliardenhöhe verursachen, ist die Motivation der Arbeitgeber seit einigen Jahren groß, in das sogenannte menschliche Kapital zu investieren. Schweres seelisches Gepäck kann physische und psychische Leiden, aber auch psychosomatische Erkrankungen verursachen: Jährlich sind allein 1,4 Millionen Schweizer und Schweizerinnen infolge von Rückenschmerzen tage- und wochenlang arbeitsunfähig, wie eine repräsentative Umfrage ergab, die im Auftrag der Rheumaliga Schweiz durchgeführt wurde. Der Schaden wird mit zehn Millionen Ausfalltagen pro Jahr beziffert.

In den vergangenen Monaten führte ich rund hundert Beratungen durch. Dabei stellte ich fest: Frauen sind eher bereit, Unzufriedenheit und Überforderung zu thematisieren. Männer verbinden das Einräumen von Problemen nicht selten mit einem Imageverlust, und auch fundamentale Fragen ignorieren sie so lange, bis der psychische Leidensdruck riesig wird. Bei den Coachees der obersten Hierarchieebene wiegt die Verantwortung besonders schwer: Sie stehen in einem ständigen Spannungsfeld zwischen einsamen Entscheidungen und der dauernden Beobachtung, unter der sie ihre Performance liefern müssen. Im mittleren Kader bestimmt der Konkurrenzkampf den Alltag, und das Ablehnen zusätzlicher Aufgaben ist von der Angst geprägt, dass das als Leistungsverweigerung interpretiert werden könnte. Die unteren Chargen sind damit beschäftigt, ihre Existenz zu sichern. Arbeit, die keine Erfüllung bringt, wird dennoch als sinnvoll erlebt, wenn die Erträge aus der ungeliebten Tätigkeit dazu dienen, die Lebenskosten zu decken. Fokussiert auf nahe Ziele und kleine Vergnügungen – den Vereinsabend, den Familienausflug –, sind diese Menschen in meiner Wahrnehmung die zufriedensten. Aber auch dieses Glück dauert nicht ewig. Im mittleren Alter, wenn die Kinder ausfliegen und die Hypotheken abbezahlt sind, stellt sich die Frage nach der Zufriedenheit oft neu.

Ob CEO oder Schreibkraft: Die allerwenigsten sind anmaßend in ihrem Anspruch an ein gutes Leben, sondern äußern nachvollziehbare und bescheidene Wünsche, die anfänglich das »Selbstmanagement« betreffen. Sie wollen einfach nur zur Ruhe kommen und durchatmen können. Viele möchten, wenn sie einen Wunsch frei hätten, von den unerledigten praktischen Aufgaben, die sich in verschiedenen Lebensbereichen angesammelt haben, auf einen Schlag befreit werden und mit einem leeren »Verpflichtungskonto« neu beginnen. Oft sind meine Lösungsansätze simpel, und man mag sich fragen, wieso die Menschen die naheliegenden Ideen nicht selber sehen. Die Antwort lautet: Weil sie überlastet sind. Vieles wird im hektischen Alltag monatelang aufgeschoben – die Verweigerung eines längst fälligen Arztbesuches, das Öffnen von Post, die unangenehmen Inhalt bereithalten könnte, der längst fällige Anruf an einen Freund. Stress ist unerledigte Arbeit. Ob beruflich oder privat: Das Unfertige, Aufgeschobene wiegt doppelt schwer, lenkt ab, da diese nicht erfüllten Verpflichtungen oft mit einem schlechten Gewissen verbunden sind und über Wochen und Monate unnötige Energie beanspruchen. Die Verweigerung von alltäglichen Aufgaben kann auf eine Krise hindeuten, aus diesem Grund nehme ich sie immer ernst. Die pragmatischen Interventionen in diesem Bereich nenne ich »Kopf aufräumen«, und wenn mir ein Manager beim dritten Treffen die ungeöffnete Post auf den Tisch legt, wir gemeinsam den Arztbesuch festlegen, einen Steuerberater engagieren, das Fitness-Abo kündigen – bin ich zufrieden, weil diesen praktischen Interventionen andere folgen können.

Der Arbeitsalltag hat sich tief greifend verändert, und man weiß, dass die meisten Menschen – auf sämtlichen Hierarchieebenen – rund vierzig Prozent aller Aufgaben unter Zeitdruck erledigen. Obwohl die Anzahl der geleisteten Arbeitsstunden weniger hoch ist als noch vor dreißig Jahren, ist »Stress« ein häufig verwendeter Begriff. Gemeint ist jener Zustand, der durch hohe Aktivierungs- und Belastungsniveaus gekennzeichnet ist und mit dem Gefühl einhergeht, man könne die Situation zunehmend nicht mehr bewältigen. In einer aktuellen Studie, die das Schweizer Staatssekretariat für Wirtschaft (Seco) 2010 durchführte, gaben rund vierunddreißig Prozent der Befragten an, häufig oder sehr häufig unter Stress zu leiden, was innerhalb von zehn Jahren einer Zunahme um acht Prozent entspricht. Zeitdruck, unklare Arbeitsanweisungen, das Erledigen von Aufgaben in der Freizeit, sehr lange Arbeitstage und emotionale Anforderungen werden von einem Drittel der Erwerbstätigen als Gründe genannt, wieso sie sich chronisch überfordert fühlen. Neue Kommunikationsmittel, die dauernde Erreichbarkeit via Mail und Handy, erdrückende Arbeitsmengen, interne Konflikte und Spannungen werden in anderen Studien im Zusammenhang mit Erschöpfungszuständen und massiven Stimmungsschwankungen genannt.

Dass ein riesiges Heer stressgeplagter Zeitgenossen heranwächst, hängt meiner Meinung nach nicht nur mit einem anstrengenden Job zusammen: Zu den beruflichen Anforderungen kommen die Anstrengungen des modernen Alltags. Was man vordergründig als Vorteile einer freien und zugänglichen Konsumgesellschaft empfindet, erweist sich für viele Männer und Frauen zunehmend als Ansammlung verwirrender »Zwänge«, denen sie sich nicht entziehen können: Da ist die Erwartung, aktiv und spontan zu sein, mobil und flexibel. Zudem: Welches Auto soll ich kaufen und welchen Flachbildschirm? Wohin in den Urlaub? Welche Erziehung, Bildung, Förderung für die Kinder? Tantra-Workshop oder Beate-Uhse-Spielzeug? Allein im Supermarkt kann man zwischen zwölf verschiedenen Senfmarken auswählen, und bis der Einkaufswagen gefüllt ist, müssen fünfzig weitere Entscheidungen gefällt werden. Jene, die an ihre emotionalen, geistigen oder körperlichen Grenzen geraten, nehmen den schleichenden Prozess der Überforderung oft erst wahr, wenn auch unwichtigere Entscheidungen, die gefällt und umgesetzt werden müssen, eine unüberwindbare Hürde darstellen oder Kleinigkeiten für Wut und Frustrationen sorgen: die leere Milchpackung am Morgen, die Wohnungsschlüssel, die man wieder einmal verlegt hat, gefolgt vom Autostau, den man nur noch schimpfend erträgt, der Mittagslunch mit dem Chef, den man als Zumutung empfindet, und erst die Kollegen, die Frau, der Mann, die Kinder! Eine nicht zu bewältigende Menge an sozialen Kontakten und Anforderungen jeglicher Art sorgen für Belastung und fast immer für Beschämung, dass die Erledigung simpler Verpflichtungen des Alltags eine übermäßige Kraftanstrengung fordern.

Sind die Nerven derart belastet, neigt sich der Energielevel dem Nullpunkt zu, wird auch der Blick auf die Welt pessimistisch. Dann tauchen oft Fragen auf wie: Bin ich glücklich? Zufrieden genug mit meinem Leben, meinem Job, meiner Partnerschaft? Vielleicht wirft der Angestrengte alles hin, oder er begibt sich in ärztliche Behandlung, zuvor beschließt er allenfalls einen Wellness-Urlaub mit integriertem Aktivprogramm oder, bescheidener, einen TV-Abend auf dem Sofa, wobei das Zappen durch dreihundert verschiedene Kanäle kaum die gewünschte Entspannung bringt. Obwohl ich von schnell anwendbaren Formeln zur Steigerung der Lebenszufriedenheit nicht viel halte, drängen sich die drei Begriffe Verzicht, Langsamkeit, Ruhe in meinen Coachings fast immer auf. Viele Menschen möchten, dass soziale Kontakte, Zeit mit dem Partner und den Kindern, Vergnügungen jeglicher Art ihrem Bedürfnis nach Entspannung entgegenkommen. Aber nur jene, die innerlich ruhig sind, können solchem Zusammensein Gutes abgewinnen, und das meiste, was in diesem Bereich als Zwang empfunden wird, dient nicht der Erholung, sondern verstärkt das Gefühl der Überforderung.

Vielen Frauen und Männern fällt es schwer, sich einzugestehen, dass sie die sofort anzutretende abendliche Spielstunde mit den Kindern am liebsten ersatzlos streichen würden, ebenso wie die traditionelle Stammrunde nach dem Sport oder noch gravierender: die eheliche Intimität. Meine Vorschläge sind simpel: Man kann sich von belastenden Verpflichtungen befreien, ohne jenen Schaden oder Schmerz zuzufügen, die man liebt und schätzt. Die Spielzeit mit den Kindern in eine ruhige Vorlesestunde umwandeln, anstatt das übliche Besäufnis mit den Kollegen in der Beiz zu Hause gemeinsam eine gute Flasche Wein öffnen. Und wenn Mann und Frau übermüdet und genervt sind, soll man auf Sexualität verzichten, jedoch nicht auf andere gemeinsame Aktivitäten.

Die Lebensbewältigung ist ein ziemlich komplexes Vorhaben geworden. Die frühere Generation hat auch hart gearbeitet und war zahlreichen Belastungen ausgesetzt, aber der Alltag verlief weniger gedrängt und ruhiger. Vor allem weil es vielen an Unterhaltungsmöglichkeiten fehlte, die sogenannte Reizüberflutung kein Thema war und die Routinen eingehalten wurden. Was früher als Nichtaktivität für Ruhepausen sorgte – das Mittagsschläfchen, der Spaziergang zum Arbeitsort, der abendliche Griff zu den Stricknadeln –, wird heute in manchen großen Firmen erneut proklamiert. Der nach einem ausgeklügelten Farbkonzept gestaltete Ruheraum für die Angestellten heißt nun »Power Nap Room«. Für regelmäßige Bewegung im Großraumbüro sorgen Physiotherapeuten. Und manche Arbeitgeber verbieten ihren Mitarbeitern sogar, am Wochenende Mails, die die Firma betreffen, zu beantworten.

Solche Ansätze finde ich gut, aber gleichzeitig plädiere ich generell für mehr Nutzlosigkeit. Für mehr Verweigerung. Während sich unsere Eltern mit Fug und Recht darauf konzentrierten, von allem mehr zu wollen, sind wir auf der Suche nach mehr Zufriedenheit angehalten, zu selektieren und zu reduzieren. Nicht zu wollen, nicht zu kaufen, hunderttausend Möglichkeiten auf noch mehr Spaß, Sex, Konsum verstreichen zu lassen. Dem Bedürfnis, von allem immer mehr haben zu wollen, steht die Frage gegenüber, was man aus der materiellen, aber auch aus der ideellen Fülle des Lebens auswählen will.

Es ist eine spannende Zeit, in der meine Generation lebt, denn wir müssen uns mit zunehmendem Alter weniger mit der Sicherung unserer Existenz auseinandersetzen, und wir sind auch frei und fähig, die moralischen Richtlinien, die heute weder von der Religion noch von anderen Instanzen allgemein verbindlich fixiert werden, neu zu definieren. Was gibt Sinnerfüllung? Und zu welchen Erkenntnissen ist man bereit, um letztlich weniger zu wollen? Das Exzessive und Maßlose hat sich auch im Zeitgeist überholt. Beides spielte in meinem Leben eine Rolle, und kurzfristig kann der zelebrierte Überfluss und die damit verbundene Egozentrik einen Adrenalinschub bewirken. Mittelfristig führt er zum Druck, einem Bild entsprechen zu müssen, das vielleicht längst keine Gültigkeit mehr hat oder nicht mehr angestrebt wird.

Bei den weiterführenden Coaching-Maßnahmen geht es um individuell ausgearbeitete Veränderungsvorschläge, die überraschend oft auf fruchtbaren Boden fallen. Was ich aus eigener Erfahrung nur allzu gut weiß, bestätigt sich als allgemeine Tendenz, aber auch in der Praxis: Den gängigen Idealen rund um die Liebe und die Karriere können sich auch andere nicht von einem Tag auf den anderen entziehen, weil die damit verbundenen Leistungen Belohnungen bringen, auf die wir nicht verzichten wollen – Sicherheit, Zuneigung und Anerkennung. Auch geistig flexible und progressiv denkende Menschen und sogar manche, die sich als unangepasste Zeitgenossen verstehen, verinnerlichen konservative Ideale und Werte, die man beinahe ideologisch nennen könnte und denen sie sich jahrzehntelang unhinterfragt unterordnen.

In der existenzaufbauenden Phase, also in jüngeren Jahren, sind die meisten Männer und Frauen mit Fragen rund um die beruflichen Erfolgschancen, die Familienplanung und mit der Organisation von beidem beschäftigt. Um die Erfüllung von materiellen Bedürfnissen dreht sich das Dasein. Das Bedürfnis meist jüngerer Menschen nach Sicherheit, aber auch der Wille, sich gesellschaftlich zu integrieren, etwas darzustellen und zu erreichen, ist in dieser Phase groß. Es sind Hauptmotivationen dafür, wieso Männer und Frauen über sich hinauswachsen. Die meisten kennen die Maslow'sche Bedürfnispyramide: Zu den wichtigsten sogenannten Defizitbedürfnissen gehören Atmung, Schlaf, Nahrung, Wärme, Wohnraum, Gesundheit, Schutz vor Gefahren, ein festes Einkommen, Familie, Partnerschaft und Liebe. Erst wenn diese Grundbedürfnisse gestillt sind, kommen Individualbedürfnisse dazu – darunter Wohlstand, Einfluss, private und berufliche Erfolge, mentale und körperliche Stärke. Als Belohnung winkt eine höhere Wertschätzung durch Status, Respekt und Anerkennung. Sind auch diese Bedürfnisse erfüllt, kann – laut Abraham Maslow oft erst im fortgeschrittenen Alter – die oberste Stufe der Pyramide in Angriff genommen werden: Dort ist die Selbstverwirklichung angesiedelt. Dazu zählen Talententfaltung, Individualität und vor allem: Selbstverbesserung.

In meinen Seminaren betreue ich mehrheitlich Männer und Frauen zwischen fünfundvierzig und sechzig Jahren. Die Bereitschaft, etwas ändern zu wollen, das Entdecken neuer Bedürfnisse, akzentuiert sich fast immer in der Lebensmitte, denn in den bisherigen Zwängen sieht man nun – zu Recht – keine komplette Erfüllung mehr. Männer sind in dieser Phase tendenziell wütend, weil sie eigentlich noch nie das Leben führen konnten, das sie sich wünschen, und gleichzeitig dominiert die Furcht vor Veränderungen, die mit den familiären und gesellschaftlichen Erwartungen kollidieren könnten. Die Angst vor einem Statusverlust, der mit einer neuen beruflichen oder privaten Situation einhergehen kann, wirkt sich ebenfalls bremsend aus, um zu neuen Ufern aufzubrechen, und gleichzeitig empfinden viele ihre Zweifel, ihre Unzufriedenheit und die Unentschlossenheit als persönliche Schwäche.

Frauen gehen mit ihren Veränderungswünschen entspannter um, vermutlich auch, weil sie sich – Emanzipation hin oder her – in den selteneren Fällen als Ernährerin der Familie profilieren müssen. Sie sehen in den Bereichen Selbstverwirklichung Potenzial und leiden vor allem unter einem permanenten Zeitmangel, der nicht nur aus den vielen Verpflichtungen des Alltags resultiert, sondern auch aus einem privaten Aktivismus. Ebenfalls machen sie sich Gedanken zu den Themen Jugend und Schönheit: Beides ist ab einem gewissen Alter –

oft subjektiv – bedroht, auch deshalb pflegen viele das hektische Leben von Dreißigjährigen, was auf Dauer allerdings nicht als sinnvoll empfunden wird. Ein Sprung ins Leere, der mit der Umsetzung neuer Pläne verbunden sein kann, ängstigt Frauen weniger als meine Geschlechtsgenossen.

Viele männliche Klienten befinden sich zwar nicht mehr in der existenzaufbauenden Phase, sie haben einiges erreicht, leben in angemessenem Wohlstand, sind gesund und fit: Aber sie haben sich einen Lebensstandard, ein Selbstbild oder auch Eitelkeiten zugelegt, die es zwingend zu unterhalten gilt. Die Defizitbedürfnisse müssen also wiederholt erfüllt werden: Sie transformieren sich bisweilen in unstillbare Bedürfnisse. Fazit? Der Leidensdruck muss relativ groß sein, damit das Veränderungspotenzial nicht nur erkannt, sondern auch umgesetzt wird, und wer in der Lebensmitte zweifelt, aber nicht konsequent hinterfragt, was er bisher für richtig gehalten hat, versperrt der Neuorientierung bereits in den Anfängen den Weg. Ein Drittel all jener, die zu einem Coaching antreten, steigen wieder aus. Die Mehrheit sind Männer in Führungspositionen. Andere kommen zur Einsicht, im Gewohnten bleiben zu wollen, das kann eine aktive Entscheidung sein, die nicht als Misserfolg gewertet werden darf. Kommt man nach genauem Abwägen zum Schluss, dass man die Beziehung doch weiterführen will, den Job nicht hinschmeißen mag, die Pläne auszuwandern aufschiebt, führt dieser Entschluss nicht selten zu einer Verbesserung der Zufriedenheit: weil man die Ausgangslage jetzt realistischer einschätzt und die Entscheidung, vieles beim Alten zu lassen, bewusst trifft.

Nachhaltige Führung

Die Ehe und erstaunlicherweise der Glaube – so zeigen entsprechende Untersuchungen – sind externe Faktoren, die das Lebensglück einer halbwegs gesicherten Existenz am ehesten positiv beeinflussen. Meiner Erfahrung nach bleibt der Job für die meistens ein Knackpunkt. Im Arbeitsalltag bündeln sich unerfüllte Hoffnungen, Frustration, Belastungen, Langeweile, und oft gehen diese Gefühle mit einer mangelnden Wertschätzung einher. Das Gefühl, »nichts wert« zu sein, wird den Berufstätigen nicht nur durch ignorante Vorgesetzte und Arbeitskollegen vermittelt, sondern reflektiert vor allem, welche Sinnerfüllung der Einzelne in seiner beruflichen Tätigkeit findet. Geld kann ein Mittel sein, um ein interessantes Leben zu führen, und wer arm ist, hat ein größeres Risiko, krank und einsam zu enden, wie entsprechende Untersuchungen zeigen. Die berufliche Zufriedenheit hat indes weniger mit der Hierarchie oder der Höhe des Lohnes zu tun, als man denken könnte. Ein Einkommen von fünfundsiebzigtausend Dollar pro Jahr, so ergab die amerikanische Gallup-Studie, ist in der westlichen Welt zwar nötig, um sich die besten Voraussetzungen für eine finanziell sorgenfreie Existenz zu schaffen. Mehr Einkommen hat aber keine signifikante Verbesserung der Lebensqualität zur Folge, und tendenziell gilt, was ich als Exhotelier bestätigen kann: Je größer der Reichtum, desto kleiner die Fähigkeit, sich an Kleinigkeiten zu erfreuen.

Die Universität von Chicago veröffentlichte die Ergebnisse einer Studie, die es sich zum Ziel gesetzt hat, die glücklichsten und die unglücklichsten Jobs zu benennen. Auch für die Wissenschaftler war es eine Überraschung, dass sich in den gut bezahlten neueren Berufsgattungen, die mit einem relativ hohen Status einhergehen, besonders viele Menschen aufhalten, die unzufrieden sind: Bankangestellte, Produktmanager, Direktoren der Informations- und Kommunikationstechnik, Sales- und Marketingleute. Warum auch Rechtsanwalt oder Arzt nicht zu den Glück versprechenden Berufen gehören, wie man denken könnte – der eine verteidigt Unschuldige, der andere rettet Leben –, erklärt Martin Seligman so: Anwalt wie Arzt sind stressanfällig und finden tendenziell wenig Zufriedenheit, weil sie immer vom Schlimmsten ausgehen müssen und sich dafür auch noch verantwortlich fühlen; dass der Klient zu einer hohen Strafe verurteilt wird, dass der Patient sterben wird. Ihnen gegenüber stehen die Vertreter der glücklichsten Berufsgattungen, darunter Geistliche, Feuerwehrmänner, Physiotherapeuten, Künstler und Autoren. Im helfenden, spirituellen oder kreativen Bereich erleben die Männer und Frauen ihr professionelles Engagement als sinnvoll, während man in den weniger Glück versprechenden Jobs eher »funktioniert«. Der Umstand, für die Firma und sich selbst sehr viel Geld zu verdienen, führt zu einer Befriedigung des Ehrgeizes, aber nicht unbedingt zu jener Zufriedenheit, die ein emotionales Wohlbefinden auslöst.

Es gibt in der Zwischenzeit auch unzählige Managementmodelle, die den unzufriedenen Arbeitnehmer ins Visier nehmen:

Unter anderem ist von Job-Redesign die Rede, also davon, dass man den Angestellten einen genauen Plan zu ihrer Karriereplanung vorlegt. Dass ein modernes Management nicht nur die großen Probleme eines Betriebs, sondern auch die Mikroprobleme der Belegschaft unter die Lupe nehmen sollte, ist ein Resultat der Erkenntnis, dass unzufriedene Mitarbeiter ihre Arbeitgeber sehr viel Geld kosten. Eine Untersuchung der größten US-Gesundheitsstudie (Gallup-Healthways) wertete drei Jahre lang die elektronischen Tagebucheinträge von tausend Studienteilnehmern aus, die aus über zweihundert verschiedenen Berufsrichtungen und allen Lohnklassen stammten. Über ein Drittel der Einträge fiel ernüchternd aus: Die Schreibenden bezeichneten sich als unmotiviert und frustriert. Die Unzufriedenen äußerten sich negativ über ihre direkten Vorgesetzten, beklagten sich über die Firmen und Organisationen, für die sie tätig sind, und beantworteten die später gestellte Frage, ob sie es für möglich halten, dass sich an den beklagten Zuständen bald etwas verändern könnte, mit einem klaren Nein.

Jene Vorgesetzte, die ihren Mitarbeitern die Bewältigung von Aufgaben erleichtern, im Fall von Problemen Hilfe anbieten und Leistungen anerkennen, befinden sich weiterhin in der großen Minderheit. Im Rahmen der Gallup-Studie wurden auch rund siebenhundert Manager zu den fünf wichtigsten Maßnahmen befragt, die sie anwenden, um ihre Leute im täglichen Arbeitsprozess zu motivieren und zu unterstützen. Der Punkt »Entwicklungspotenzial fördern« figurierte an letzter Stelle, und fünfundneunzig Prozent der befragten Kaderleute wollten nicht glauben, dass das Einbinden in Entscheidungsprozesse oder das Übertragen von zusätzlichen Aufgaben eine positive Spirale bewirken kann, die den Menschen und das Unternehmen in die Höhe zieht. Nur die Manager einer einzigen Firma gaben an, ihre Leute in selbständigem Handeln zu unterstützen und darin, aus Fehlern zu lernen.

Konventionelles Managerwissen beschränkte sich lange Zeit darauf, mit Druck auf den Einzelnen und manchmal mit dem Provozieren künstlicher Rivalitäten mehr Leistung zu erzwingen. Im modernen Arbeitsalltag sind andere Anreize notwendig, die nicht als fakultative Maßnahmen eines fortschrittlichen Führungsverhaltens aufgefasst werden sollten. Anerkennung, Arbeitsinhalte, Verantwortung und Wachstum werden als häufigste Motivationsfaktoren genannt. In diesem Zusammenhang regt eine Studie der britischen Universität von Leicester an, was ich – ohne falsche Bescheidenheit – aus einem Bauchgefühl heraus schon immer tat. Das Modell nennt sich »high involvement management« und empfiehlt das Einbinden der Arbeitnehmer in Aktivitäten und Entscheidungsprozesse, die über den begrenzten Rahmen ihres Pflichtenhefts hinausgehen. Denn der Preis, den Firmen bezahlen, wenn sich in ihren Linien viele unmotivierte und unzufriedene Mitarbeiter ansammeln, ist hoch: Gallup schätzt die Folgen der nordamerikanischen »disengagement crisis«, wie die Krise rund um ein Heer an leistungsunwilligen Mitarbeitern genannt wird, auf einen Produktivitätsverlust von jährlich dreihundert Milliarden Dollar.

In meiner neuen Betätigung als Coach und Seminarleiter habe ich das Glück, mit beiden Seiten – den Mitarbeitern und den Chefs – in Kontakt zu treten. Daraus entstehen Synergien und neue Erkenntnisse. Mein eigentlicher Erfahrungsschatz beruht allerdings auf drei Jahrzehnten, die ich selbst in irgendeiner Art und Weise an der Front von Gaststuben und Hotels verbracht habe. Als kleiner Angestellter und als Boss von hundertzwanzig Mitarbeitern. Mein Denken und mein Handeln war immer von der Auffassung geprägt, dass meine Leute mehr sind als Befehlsempfänger oder bloße Arbeitskräfte, nämlich Menschen mit einem Anspruch auf Entfaltung und Eigentümer ihres »Humankapitals«. Bei der Weitervermittlung meiner Führungserfahrung konzentriere ich mich heute auf den Dienstleistungssektor, dem Hotellerie und Gastronomie, aber auch viele andere Branchen nun mal angehören. Mitarbeiter mit Kundenkontakt tragen den Esprit ihres Arbeitgebers nach außen und reflektieren somit das Produkt, das sie vertreten. Sind sie frustriert und unzufrieden, hat dies direkte Auswirkungen auf die Entscheidung der Kunden, das Hotel, das Lokal, das Geschäft erneut zu betreten oder eben nicht.

Freundlichkeit und Zufriedenheit sind nicht befehlbar, das habe ich früh realisiert. Den motivierten Mitarbeiter zu finden, ist sehr viel schwieriger, als ihm jene Bedingungen zu schaffen, die ihn dazu machen. Die Führungskraft muss die Interessen seiner Mitarbeiter vertreten und sich für die Befriedigung ihrer Bedürfnisse einsetzen. Scheuen die Vorgesetzten davor zurück – aus Ignoranz, Desinteresse oder weil sie selbst gestresst sind –, müssen sie sich nicht wundern, wenn der Leistungswille auch bei jenen sinkt, die eigentlich die besten Voraussetzungen für das Unternehmen mitbringen. Neben dem Zuhören, dem Eingehen auf Wünsche und Sorgen und dem Schaffen von Entfaltungsmöglichkeiten zahlen sich auch andere handfeste Aktionen aus. Schulterklopfen, Durchhalteparolen und mehr Lohn reichen nicht immer aus, wenn man gemeinsame Ziele erreichen will: Ich machte meinen Mitarbeitern den Bar- und Wellnessbereich des Grandhotels Belvédère in den Randstunden zugänglich, und ich schaffte den sogenannten Direktorentisch, der nur für die Kadermitglieder auserlesene Delikatessen bereithielt, ab – zugunsten eines besseren Kantinenessens für die gesamte Belegschaft. So bewies ich meinen Respekt, setzte aber vor allem meine Überzeugung in die Tat um, dass der Kellner und die Reinigungskraft gleich viel wert sind wie die Abteilungsleiter des Betriebs.

Die Identifikation mit einer Philosophie, mit einem Engagement, mit Wertvorstellungen ist mit der Ausschüttung des Neurotransmitters Dopamin verbunden, der auch »Glückshormon« genannt wird. Das Zugehörigkeitsgefühl am Arbeitsplatz macht nicht nur zufriedener, sondern auch leistungsfähiger. Nicht Geld, sondern das Verhalten des Managements entscheidet, ob die Crew Bindungswille und Arbeitsfreude zeigt, dies ergab auch die aktuelle Studie »Employee Engagement«, bei der mehr als dreißigtausend Angestellte in neunundzwanzig Ländern befragt wurden. Wenig erstaunlich: Kleine und mittlere Unternehmen schneiden in beiden Bereichen viel besser ab als multinationale Konzerne. In früheren Zeiten entstand Verbundenheit mit dem Arbeitgeber und der Firma aufgrund der Gewissheit, dass man viele Jahre, vielleicht sogar ein Leben lang im selben Betrieb verbringen durfte. Viele Unternehmer der alten Schule schufen interne Vergünstigungen oder Angebote für die Familien der Mitarbeiter, zwischendurch gab es Firmenanlässe, einen Karton Wein und zur Pensionierung eine goldene Armbanduhr. Der Patron war im besten Fall eine Vertrauensfigur. Ein gerechter Mensch, der fordert, aber auch gibt.

Dieses Prinzip hat auch in einer schnelllebigeren Geschäftswelt nicht ausgedient, und jene Attribute, die den guten Manager und Leader noch immer ausmachen – Kompetenz, Fürsorglichkeit, Wohlwollen –, versuche ich im Zeitalter multinationalen Wildwuchses erneut aufzunehmen. Die Solidarität mit meinen Leuten führte dazu, dass man sich aufeinander verlassen konnte. Rivalitäten untereinander gab es bei uns nicht oder nur sehr selten, dies erwähne ich mit einem gewissen Stolz, denn dieser Umstand zeigte mir, dass meine Leute sich als Team verstanden, das gemeinsam eine außerordentliche Leistung erbringen wollte. Das Streben, mehr zu leisten, als gefordert wird, hat mit der intrinsischen Motivation zu tun: mit der Herausforderung und dem Spaß an der Sache.

Manche mögen einwenden, ein leistungsorientiertes Unternehmen sei keine Streichelinstitution. Mit diesem Einwand bin ich einverstanden, und trotzdem steht er nicht im Widerspruch dazu, dass sich die Arbeitnehmer wohlfühlen sollen. Auch mir ging es letztlich immer darum, das Unternehmen erfolgreicher zu machen als die übrigen Grandhotels unserer Gruppe. Es gelang, weil meine Leute immer an erster Stelle standen, ihnen Respekt und Anerkennung sicher waren. Entsprechend souverän verhielten sie sich im Berufsalltag auch an der Front. Mitarbeiter mit einem guten Selbstwertgefühl – das sollten sich alle Chefs, insbesondere aber die Touristiker hinter die Ohren schreiben – sind immer die angenehmeren Zeitgenossen. Sie trauen sich etwas zu, konzentrieren sich besser auf ihre Arbeit: weil sie sich nicht andauernd mit Frustrationen beschäftigen. Ob hinter den Kulissen oder im direkten Kontakt verfügen sie über die Stärke, den Anliegen der Gäste und Kunden mit Langmut zu begegnen. Von den Verunsicherten und Unzufriedenen werden Spezialwünsche und Kritik stets als Belastung, zusätzliche Arbeit oder, noch schlimmer, als Zumutung und Schikane empfunden.

Letztlich bleiben der Hotelier und seine Angestellten »Dienende«. Mit diesem Begriff assoziieren die meisten Menschen spontan Negatives: Unterwerfung und Unterdrückung. Den »Dienenden« als unterlegenen Menschen zu qualifizieren, ist meiner Meinung nach ein grober Fehler. Beinahe jeder dient »jemandem«, auch der CEO einer Bank ist im Grunde genommen ein Dienstleister. In der Hotellerie und der Gastronomie, aber auch in anderen Branchen sind Angestellte allerdings direkter mit den Anliegen der Kunden konfrontiert, sie sind dazu verpflichtet, auf Forderungen einzugehen und im schlimmsten Fall manche Laune zu ertragen. Der Kunde muss nicht unter allen Umständen König sein, trotzdem sollte man nicht vergessen, dass er die Löhne derjenigen bezahlt, die das Gewünschte unter Umständen missmutig erfüllen. Während dienende Aufgaben in anderen Nationen mit Stolz erfüllt werden, dem »Dienen« in asiatischen Ländern gar spirituelle Bedeutung und soziale Anerkennung zukommt, kämpft das Servicepersonal in der Schweiz mit einem Imageproblem. Insbesondere in der Luxushotellerie herrscht der Irrglaube, der Bediente habe in seinem Leben mehr erreicht als der Dienende. Finanziell betrachtet, mag dies stimmen. Doch wer bringt den Menschen mehr Glück? Der Investmentbanker?

Oder ein Tellerwäscher, ein Koch, ein Kellner, die, Hand in Hand arbeitend, dem Gast einen unvergesslichen Abend bescheren?

Wenn Menschen Urlaub machen, wollen sie dem gewohnten Rhythmus entfliehen und ihr Umfeld verlassen. Die Lust auf einen Szenenwechsel, die Flucht aus dem Alltag führt sie vielleicht in ein Hotel. Der Gast sucht dort Zufriedenheit, Entspannung, schöne Momente. Er legt sein Schicksal für einen begrenzten Zeitraum vertrauensvoll in andere dienende Hände. All jene, die ihn begleiten, die ihm Wohlbefinden, vielleicht sogar ein kleines Glück ermöglichen, erfüllen eine ehrenhafte Arbeit. Das Selbstbewusstsein seiner Leute zu stärken, ist Sache des Chefs. Auch aus Eigennutz tut er gut daran, sich dieser Aufgabe verstärkt zu widmen.

Der amerikanische Führungsforscher Richard Mervyn Hare formuliert es so: Will jemand eine kleine Hütte bauen, benötigt er Material, Werkzeug und seine Arbeitskraft. Möchte jemand ein mehrstöckiges Haus bauen, wird er das Ziel allein nicht erreichen, sondern ist auf Hilfe angewiesen. Ohne Intrapreneure, also jene Mini-Unternehmer vor Ort – auch Mitarbeiter genannt –, die initiativ und eigenverantwortlich handeln, funktioniert kein größeres Räderwerk. Was in der Theorie simpel klingt, hapert in der praktischen Umsetzung. Auch weil schillernde Einzelpersonen lange Zeit autark durch die obersten Führungsetagen stapften und sich in Leistungen sonnten, die nicht ihr alleiniges Verdienst waren. Der Begriff »Leader« wird oft als Synonym für eine Führungskraft mit außerordentlichen Charaktereigenschaften verwendet, der es gelingt, andere von ihren Visionen, Zielen, Werten oder Handlungsweisen zu überzeugen und damit ein Vorbild zu sein, wie die Duden-Definition lautet. Auch das Selbstverständnis des klassischen Managers ist nicht weniger anspruchsvoll: Ein Manager oder eine Managementcrew soll eine große Organisation ganzheitlich in einem Prozess fortwährender Entwicklung zu ihrer Höchstleistung führen. Der Manager ist der perfekte Organisator, und obwohl die extrovertierten Figuren im Leadership bunter, kreativer und mutiger gelten und unserem Zeitgeist vielleicht eher entsprechen als der kontrollierende Manager, benötigen Unternehmen beide Archetypen dieser Führerfiguren. Heute gibt es unzählige Modelle der neuen Mitarbeiterführung, die sich an Management und Leadership richten, und alle betonen, dass die Angestellten mental und emotional für eine Zukunftsvision motiviert werden müssen und die Verbundenheit über alle Hierarchieebenen hinweg wünschenswert ist, um nachhaltige Erfolge zu erzielen.

Die Motivationstheorie basiert auf einer Fülle von wissenschaftlichen Untersuchungen, die Informationen dazu liefern, was den Menschen zu Handlungen antreibt, und dazu, wie sich diese Motivationen mit einer beruflichen Zufriedenheit beziehungsweise einer Leistungssteigerung verbinden lassen. Um die richtigen Bedingungen schaffen zu können, muss der Chef wissen, was seine Mitarbeiter interessiert, motiviert und innerlich antreibt, zudem muss er die Bereitschaft zeigen, auch den als zufrieden vermuteten Mitarbeiter genau unter die Lupe zu nehmen.

Eine Erkenntnis ist in diesem Zusammenhang besonders erhellend, sie stammt leider nicht von mir, sondern von Frederick Herzberg, einem amerikanischen Psychologen und

Arbeitswissenschaftler, der sich mit seiner Zwei-Faktoren-Theorie bereits 1959 auf den Kontext der Arbeitsmotivation konzentrierte und zum Schluss kam, dass ein Mitarbeiter nicht zwangsläufig motiviert und zufrieden ist, wenn keine Gründe für Unzufriedenheit vorliegen. Herzberg bezeichnete diesen Zustand als »Nicht-Unzufriedenheit«. Seine Theorie von den »Nicht-Unzufriedenen« erklärt unter anderem, warum die Zufriedenheit eines Mitarbeiters nicht unbegrenzt über Lohnerhöhungen oder ein Bonussystem gesteigert werden kann. Um eine nachhaltige Mitarbeitermotivation zu erreichen, reicht es nicht, sich auf die Beseitigung von Unzufriedenheitsquellen zu konzentrieren – im Bemühen, das nicht genutzte Leistungspotenzial zu entdecken, muss sich der Chef mit den Gründen befassen, warum seine Leute manche Ziele überhaupt für erstrebenswert halten. Die Motivation steigert die Handlungsbereitschaft. Dabei spricht man von der intrinsischen und der extrinsischen Motivation. Bei der extrinsischen Motivation steht der Wunsch im Vordergrund, bestimmte Leistungen zu erbringen, weil man sich davon einen Vorteil erhofft oder bei Unterlassung Nachteile befürchtet. Einen Befehl ausführen, weil der Chef sonst motzt. Eine verhasste Arbeit verrichten, weil man damit sein Geld verdienen muss. Die intrinsische Motivation bezeichnet das Streben, etwas um seiner selbst willen zu tun, beispielsweise weil es Spaß macht, Interessen befriedigt oder eine Herausforderung darstellt.

In der Fähigkeit, sich selbst, aber auch andere einzuschätzen sowie das Handeln danach auszurichten, liegt ein Schlüssel zum unternehmerischen Erfolg, und zwei Fragen sind in diesem Zusammenhang besonders wichtig: Wie ist Motivation erkennbar? Und wie kann Führung auf diese Motive ausgerichtet werden? Das Können, das Dürfen und das Wollen fassen die unterschiedlichen Bedingungsfaktoren am besten zusammen: Das Können beschreibt zum Beispiel die individuellen Fähigkeiten eines Mitarbeiters, seine Aufgaben aufgrund bestimmter Fachkenntnisse und Erfahrungen zu bearbeiten. Die Frage, die den Chef in diesem Zusammenhang umtreiben sollte, müsste also lauten: Haben meine Mitarbeiter die nötigen Qualifikationen? Das Dürfen einer Person sind geschriebene und ungeschriebene Regeln und Normen des Verhaltens, die durch das Unternehmen, die Position oder die Vorgesetzten bestimmt werden. Beispielsweise: Ein Mitarbeiter darf nur in dem Rahmen Entscheidungen treffen, der ihm vom Boss zugestanden wird. Die Frage, die den Chef in diesem Zusammenhang interessieren müsste, lautet: Haben die Mitarbeiter das richtige Maß an Eigenverantwortung? Das Wollen betrifft die Ziele und Motive des Mitarbeiters, zum Beispiel Geld, Freiheit, Anerkennung. Die Frage des Vorgesetzten hier muss lauten: Haben meine Mitarbeiter wirklich, was sie wollen?

Eine Führungskraft hat verschiedene Möglichkeiten, das Können, Dürfen und Wollen seiner Leute zu beeinflussen. Aber das Wollen bedarf der genausten Betrachtung, weil es eine Mischung von expliziten, zumeist rationalen Zielen und/oder von impliziten, also von emotionalen Bedürfnissen ist, wie ich auch in meinem Papier »Erfolg durch Führungskompetenz – Individuelle Motivation erkennen und nutzen« festhalte. Ein Verhalten kostet am wenigsten Kraft – und macht oft am meisten Spaß –, wenn implizite Motive und explizite Ziele übereinstimmen. Weichen sie stark voneinander ab, was sehr häufig vorkommt, kennen die Menschen ihre inneren Motive oft nicht genau, und sie wählen Ziele, die eigentlich nicht zu ihrer Persönlichkeit passen, sie unter dem Strich also nicht glücklich machen können. Das führt dann beispielsweise zur Situation, dass das Projektteam von einem Mitarbeiter zusammengestellt werden soll, der durch den Kontakt zu Menschen und die Zusammenarbeit mit ihnen nicht motiviert wird, sondern lieber alleine arbeitet. Das gesteckte Ziel zu erreichen, fällt ihm unter diesen Bedingungen verständlicherweise besonders schwer, denn wenn ein Ziel nur mit großer Willenskraft erreicht werden kann, bleibt der Spaß an der Sache zwangsläufig auf der Strecke.

Bestehen solche Diskrepanzen über längere Zeit, kann es zu physischen oder psychischen Reaktionen kommen, vor allem aber wird ein solcher Mitarbeiter seine eigentlichen Ressourcen mit ziemlicher Sicherheit nicht ausschöpfen. Was kann der Chef tun? Die Motivation eines Mitarbeiters kann gesteigert werden, wenn die gesetzten Ziele den individuellen Motiven entgegenkommen. Um Letztere zu erkennen, sind weitreichende Abklärungen notwendig, und manche werden sich fragen, ob sich das überhaupt lohne. Absolut. Das Resultat ist für beide Seiten sehr zufriedenstellend und überdauert oft viele Jahre, während deren die Zusammenarbeit optimal verläuft.

Eine der ersten Motivationstheorien überhaupt entwickelte Abraham Maslow vor rund siebzig Jahren. Seine Bedürfnispyramide gilt noch heute als Grundlage in der wissenschaftlichen Auseinandersetzung mit Motivation. Die hierarchische

Anordnung menschlicher Bedürfnisse wird dabei in fünf verschiedene Motivklassen eingeteilt, die aufeinander aufbauen. Ein wesentlicher Kritikpunkt an Maslows Modell ist, dass Defizitbedürfnisse nicht abschließend befriedigt werden können. Essen, schlafen, trinken: Nach einer Weile verspüren wir erneut ein Bedürfnis danach. Insgesamt sei das Modell in dem Sinn praktikabel, als es die grundlegend menschlichen Bedürfnisse verdeutliche, sagen die Experten. Es ermögliche aber keine Ableitung von konkreten Faktoren, durch die der Mensch dauerhaft motiviert werden könne. Für die Analyse von Motivationsfaktoren wandten Forscher verschiedene motivationspsychologische Modelle an und erstellten Listen mit mehr als zehntausend verschiedenen Motiven. Die Motivationsfaktoren nach Maslow wie die nach Frederick Herzberg werden als zu allgemein gehalten kritisiert, und die langen Auflistungen sind in der Führungspraxis ebenfalls umstritten.

Die Theorie der sechzehn Lebensmotive – vom amerikanischen Psychologen Steven Reiss entwickelt – setzte sich als einzige Methode durch, denn mit keinem anderen Instrument können die Beweggründe, wieso wir welche Ziele wirklich erreichen wollen, genauer analysiert werden. Dieses Werkzeug verwende ich zusammen mit meinen Partnern der im Jahr 2011 gegründeten Schweizer Glücksakademie auch in meinen Seminaren und Coachings. Grundlage der wissenschaftlich geprüften Fragebogen des Reiss-Profils bilden hundertachtundzwanzig Fragen, deren Antworten computergestützt ausgewertet werden. Sie machen die sogenannte individuelle Motivstruktur eines Menschen erkennbar, aus der nicht nur das Handeln und seine Erfüllung, sondern auch Grundwerte und sogar der

Sinn des Lebens abgeleitet werden können. Reiss entwickelte sechzehn fundamentale Werte und Bedürfnisse – auch Lebensmotive genannt: Macht, Teamorientierung, Neugier, Anerkennung, Ordnung, Sparen/Sammeln, Ziel/Zweckorientierung, Idealismus, Beziehungen, Familie, Status, Rache/Kampf, Schönheit, Essen, körperliche Aktivität und emotionale Ruhe. Nicht nur die stark ausgeprägten Lebensmotive bestimmen unser Verhalten von innen, motivieren uns also intrinsisch zu Handlungen, auch die schwach oder neutral ausgeprägten Motive geben interessante Informationen preis. Nach Auswertung und Analyse des Profils können in einem zweiten Schritt passgenaue Maßnahmen abgeleitet werden, dabei wird versucht, eine weitgehende Übereinstimmung der inneren Motive mit den extern vorgegebenen Zielen zu erreichen.

In der Führungs- und Managementliteratur werden neben dem Reiss-Profil zahlreiche andere Ansätze beschrieben, die Vorgesetzte dabei unterstützen sollen, die komplexe Führung einer Belegschaft in der Praxis zu meistern. Ein interessanter Ansatz betrifft die transformationale Führung: Indem der Mitarbeiter ganzheitlich als Mensch angesprochen wird, lassen sich Begeisterung für neue Werte, Ziele und Aufgaben wecken, der Mitstreiter wird zum bereits erwähnten »Mitunternehmer« gemacht, und weil der Führende gleichzeitig Coach und Mentor des Geführten ist, akzeptiert er sein Gegenüber auch in seiner Unterschiedlichkeit. Die Korrelation zwischen Mitarbeiterzufriedenheit und Führungsstil ist am höchsten, wenn individuelle Bedürfnisse und Motive berücksichtigt werden.

Auch das Modell der situativen Führung nach Paul Hersey

und Ken Blanchard wird oft gelobt. Führungsverhalten und Führungsstil stehen dabei im Zentrum des Interesses, man unterscheidet zwischen vier verschiedenen Phasen. In der Testphase soll dem Mitarbeiter Sicherheit und Orientierung vermittelt werden, damit er Rollen und Aufgabenfindung meistern kann. In der sogenannten Kampfphase soll er bei klar gesetzten Rahmenbedingungen Aufgaben übernehmen und in Entscheidungsprozesse involviert werden. Die sogenannte Orientierungsphase setzt ein, wenn der Mitarbeiter leistungsbereit ist, die Kompetenzen ausgebaut werden können, und zu guter Letzt übernimmt er Verantwortung für Entscheidungen und deren Umsetzung. Der Chef muss in diesem Prozess vor allem eine Leistung vollbringen: loslassen können.

Während solche Theorien und ihre Anwendung dem fortgeschrittenen Leader vorbehalten sind – und den Mitarbeitern jener Firmen, die entsprechende Seminare und Coachings finanzieren –, kann man die Essenz von wissenschaftlich komplexen Ansätzen auch vereinfacht formulieren: Führen bleibt ein Geschäft, das auf Gegenseitigkeit beruht. Viele kluge und auch jüngere Führungskräfte scheitern, weil ihnen noch immer nicht bewusst ist, dass sie nicht über die Mitarbeiter herrschen, sondern etwas leisten müssen, damit sie auf deren Kooperation zählen können. Der Umstand, dass sich über ein Drittel aller Arbeitnehmer als stark belastet oder überbelastet bezeichnet, lässt erahnen, dass der alles bestimmende und kontrollierende Chef nach wie vor weitverbreitet ist. Auch die Verfasser der vom Seco in Auftrag gegebenen »Stress-Studie« sprechen von Handlungsbedarf. Dabei appellieren sie bezeichnenderweise nicht an die Gestressten, sondern an jene, die sie für die Verursacher des Missstandes halten, und dabei stellen sie fest: Ein günstiges Führungsverhalten wäre für jene ein wichtiger Entlastungsfaktor, die den Arbeitsalltag als sinnloses Hamsterrad wahrnehmen.

Die Anforderungen an die Chefs sind komplexer geworden, das ist eine Chance. Denn nebst der fachlichen Kompetenz wird heute auch eine kontinuierliche Persönlichkeitsentwicklung gefordert. Ganz im Sinn der motivorientierten Führung gilt dabei: Wer andere erfolgreich managen will, muss zuerst sich selbst führen können. Die Selbstkontroll-Kompetenzen machen den neuen Leader aus: Seine Menschlichkeit und das Interesse an den wahren Motivationen der Mitarbeiter werden maßgeblich zu seinem Erfolg beitragen.

In Kürze

Jenen, die ohne Coaching-Prozesse und Weiterbildungsseminare auskommen müssen – es ist die große Mehrheit der Angestellten und Führungskräfte –, möchte ich einige Verhaltensweisen und Denkübungen ans Herz legen, die meinen beruflichen und persönlichen Erfahrungen entsprechen, jedoch auch ein pragmatisches Best-of aus den verschiedenen Ansätzen, Methoden und Theorien sein möchten und sich im Speziellen auf eine Publikation der »Harvard Business Review« abstützen.

Sich selbst managen

Talent benennen Jeder Mensch verfügt über größere oder kleinere Gaben, die ihn von anderen abheben. In der Hektik des Berufsalltags gehen die positiven Eigenschaften und Fähigkeiten manchmal vergessen. Das ist ein Fehler, denn so können sie nicht gewinnbringend eingesetzt werden. Sie wissen nicht, welches Ihr größtes Talent ist? Nehmen Sie Komplimente künftig ernst, und versuchen Sie, aus ihnen eine einzigartige Fähigkeit abzuleiten, die Sie von anderen Mitstreitern abhebt.

Multitasking? Nein, danke: Wer viele Aufgaben zur selben Zeit erledigt, läuft Gefahr, den einzelnen Pendenzen zu wenig Aufmerksamkeit zu widmen. Beim Erstellen einer Liste mit Prioritäten soll nicht das Volumen einer Aufgabe, sondern ihre Wichtigkeit entscheiden, ob sie an oberster Stelle zu stehen kommt. Die anderen Aufgaben müssen nach Ähnlichkeit geordnet, thematisch gruppiert und gemeinsam erledigt werden. Alles andere sorgt mittelfristig für geistige Verwirrung und übermäßigen Energieverbrauch.

Fehler machen Wer Angst hat, Fehler zu machen, gilt als entscheidungsschwach und ist unter dem Strich eine Belastung für die Firma. Die eigenen Fehler zu vertuschen und unter den Teppich zu kehren oder anderen in die Schuhe zu schieben, schadet dem eigenen Ruf ebenfalls massiv. Besser: Man steht zu Fehleinschätzungen und kommuniziert dies in klaren Worten. Jedoch: Niemals sollen Fehler einen davon abhalten, erneut Risiken einzugehen.

Sich selbst überlisten Disziplin und eiserner Wille sind gute Eigenschaften und machen, dass Menschen Widerstände überwinden und Großartiges leisten. Allerdings: Zu viel Ausdauer kann als Starrköpfigkeit ausgelegt werden. Wenn man sich in Ziele verrennt, die sich überholt haben oder weniger richtig sind, als es anfänglich den Anschein erweckt, ist die Zeit gekommen, die eigene Position neu zu überdenken.

Ruhepausen einlegen Egal, wie hektisch der Berufsalltag gerade abläuft, niemand ist dermaßen unabkömmlich, dass keine Zeit für eine fünfminütige Minipause bleibt. Diese Zeit soll man bewusst und ruhig gestalten, ein Puzzle lösen, kurz in die Sonne sitzen. Das Argument »Großraumbüro« gilt übrigens nicht: Legen Sie ein schönes Bild auf den Tisch und betrachten Sie es fünf Minuten lang intensiv, oder gönnen Sie sich auf dem Klo eine Entspannungsmeditation, indem Sie Ihre Gedanken wandern lassen.

Schüchternheit ablegen Wer im Job etwas will, muss sich dafür auch einsetzen, und das bedeutet, dass man seine Zurückhaltung überwinden muss. Bereiten Sie sich sorgfältig auf ein Gespräch mit dem Chef vor, fassen Sie in klare Worte, was Sie von ihm wollen, und machen Sie klar, wieso er das Geforderte ausgerechnet Ihnen geben soll.

Nerven schonen Versuchen Sie, sich an die Sitzungen der vergangenen Woche zu erinnern und was bei diesen Treffen konkret beschlossen worden ist. Es kommt Ihnen nichts in den Sinn? Solche oder ähnliche Verpflichtungen sollten Sie künftig meiden oder abbrechen. Falls das nicht geht, lenken Sie sich mit Gedankenspielen ab.

Stress erkennen Jeder verspürt hin und wieder negativen Stress. Gemeint sind jene Aktivitäten, die wir nicht als belebend empfinden, sondern als Belastung. Kompensationshandlungen können ein Resultat davon sein: Die einen essen zu viel Schokolade und Chips, andere starten am Abend hektische und unnötige Putzaktionen. Welche Reaktionen haben negative Auswirkungen, entweder auf die eigene Gesundheit oder das genervte Umfeld? Indem man sich bewusst wird, dass ein Verhalten stressbedingt ist, kann man es steuern und verändern.

Selbstdisziplin Definieren Sie vor dem Nachhausegehen eine wichtige Aufgabe, die Sie bereits seit Tagen vor sich herschieben, und erledigen Sie diese am nächsten Morgen als Erstes.

Arbeit abschaffen Jene Aufgaben, die erledigt werden müssten, jedoch regelmäßig zuunterst auf der Prioritätenliste figurieren, können mit großer Wahrscheinlichkeit ersatzlos gestrichen werden.

Sich selbst neu starten Denken Sie in Ruhe darüber nach, welche Dinge Sie komplett anders angehen würden, könnten Sie in Ihrem Job nochmals von vorne beginnen. Egal, was Ihr Umfeld davon hält: Setzen Sie diese Veränderungen in die Tat um.

Andere managen

Keine endlose Geduld Natürlich versucht der Boss, seinen Mitarbeitern zu geben, was sie sich wünschen, darunter Autonomie, Anerkennung und die Möglichkeit, sich beruflich zu entwickeln. Zum Märtyrer sollte er sich aber nicht machen lassen. Schwache oder destruktive Charaktere – sie sind in jedem Unternehmen zu finden – lassen sich beim besten Willen nicht motivieren. Eine Verbesserung ihres Gemütszustandes ist ebenso hoffnungslos wie eine Steigerung ihrer Arbeitsleistung: Trennen Sie sich von solchen Leuten, und nehmen Sie sich für die folgenden Bewerbungsgespräche mehr Zeit als zuvor. Die Amerikaner vertreten den Grundsatz: »Hire very slowly. Fire very fast.«

Tempo drosseln Es gibt Menschen, die weniger schnell arbeiten und denken, als man es sich wünscht. Ein Irrtum wäre es, diese Mitarbeiter als weniger leistungsfähig oder gar als renitent zu qualifizieren. Oft gibt es gute Gründe für ein genaueres Nachdenken, zudem: Wenn alle Aufgaben unter Zeitdruck erledigt werden müssen, läuft in Ihrem Betrieb etwas falsch. Aufgaben, die tatsächlich schneller als andere erledigt werden müssen, sollen als solche deklariert werden, beim Rest übt man sich in Geduld und sieht ein, dass die Beantwortung einer Mail auch mal zwei Tage dauern kann.

Feedback geben Das Beurteilen der Arbeitsleistung ist für den Mitarbeiter und das Unternehmen essenziell. Je mehr Bewertungen in den unterschiedlichsten Situationen abgegeben werden, desto wahrscheinlicher, dass sie ihren Schrecken für beide Seiten verlieren. Bei negativem Feedback müssen die geforderten Veränderungen klar benannt und in Zusammenhang mit den Bedürfnissen der Firma erklärt werden.

Stärken unterstützen Es ist selten sinnvoll, wenn Mitarbeiter für mangelnde Talente gerügt werden und man ihnen in diesen Bereichen eine größere Leistung abzufordern versucht. Ressourcenorientierte Förderung macht sich hingegen immer bezahlt. Verhasste Aufgaben, bei denen zwangsläufig die Performance nicht stimmt, sollen wenn möglich an passende Mitarbeiter delegiert werden, die diese Aufgabe gerne übernehmen. Auf der Suche nach den unsichtbaren Bedürfnissen und Talenten der Mitarbeiter sollten Sie Ihre Leute dazu befragen, wie sie ihre Karriere gestalten würden, könnten sie nochmals von vorne beginnen.

Schlau sein Im Umgang mit den besten Pferden im Stall ist immer Vorsicht geboten. Auf das Aussprechen von Befehlen soll verzichtet werden, da dieses Verhalten sowieso auf Widerstand stößt. Die Schlausten im Betrieb legen meist wenig Wert darauf, dass man ihnen eine Aufgabe genau erklärt. Sie wollen selbst herausfinden, wie und ob ihre eigene Strategie funktioniert.

Erfolge gönnen Wenn die Mitarbeiter ein Ziel erreichen und gute Arbeit leisten, haben sie das Recht, sich in diesem Erfolg zu sonnen. Ihn vor versammelter Runde zu erwähnen, ist eine Möglichkeit, um den Mitstreiter hervorzuheben. Anerkennung in Form eines simplen Dankeschöns – viele Chefs bringen das Wort kaum über die Lippen – kommt ebenfalls sehr gut an. Zudem: Feiern Sie Erfolge zusammen mit Ihrem Team.

Vertrauen zeigen Der Glaube an die Fähigkeiten des Teams ist für den Leader essenziell. Fällt es ihm schwer, dieses Vertrauen im Alltag zu demonstrieren, kann er es bei einer speziellen Gelegenheit in klare Worte fassen.

Zuhören Nehmen Sie sich Zeit, um Ihren Mitarbeitern zuzuhören, und verfolgen Sie dabei keine direkten Ziele.

Negative Energien unterbinden Ihre Leute sind faul, frech und verbringen ihre Zeit damit, sich gegenseitig das Leben schwer zu machen? Sprechen Sie in versammelter Runde deutliche Worte und machen Sie klar, dass Sie wissen, was hinter den Kulissen geschieht und wer dafür verantwortlich ist. Empfangen Sie Petzer und Beschwerdeführer nie einzeln, sondern immer zusammen mit jener Person, die in den Streit involviert ist. Und: Heulsusen werden ab sofort nicht mehr getröstet.

Keine Drohungen aussprechen Schlechte Geschäftsergebnisse oder andere betriebsinterne Malheure sollen mit jenen diskutiert werden, die es betrifft. Alles andere zeigt die Unsicherheit der Führungskraft. Der gesamten Crew mit Kündigungswellen und anderen Maßnahmen zu drohen, sorgt nicht für mehr Leistungswillen, sondern für Unsicherheit, gereizte Stimmung und innere Verabschiedung.

Strategien mitteilen Es ist jedoch ein Irrtum, zu glauben, wichtige Strategien, die den Betrieb betreffen, und größere Veränderungen, die anstehen, nur am Direktorentisch diskutieren zu müssen. Alle Mitarbeiter sollten informiert und aufgeklärt werden, und zwar so, dass auch das Reinigungspersonal versteht, um was es geht.

Das Business managen

Zurück zu den Wurzeln Große Unternehmen sind erfolgreich, weil sie über einen Riesenpool an qualifizierten Mitarbeitern, viel Erfahrung und Kundenlisten verfügen, die sich sehen lassen können. Die Finanzkrise hat einiges verändert. Was kleinere und mittelständische Unternehmen mangels finanzieller und infrastruktureller Ressourcen automatisch richtig machten, wird anhand von Budgetkürzungen und anderen Sparmaßnahmen nun auch in internationalen Firmen proklamiert: Versprechen nachvollziehbar machen und halten. Dem Kunden die Möglichkeit geben, sofort mit dem Ansprechpartner in direkten Kontakt zu treten. Aufzeigen, dass die Firma finanziell verantwortungsbewusst und nachhaltig agiert.

Kontrolle abgeben Delegieren heißt den Trennungsschmerz aushalten. Wer nicht delegieren kann, verrennt sich in Kleinigkeiten, die von den eigentlichen und großen Aufgaben ablenken. Was zu Beginn einer Firmengründung oder beim Einstieg in den neuen Superjob essenziell ist, nämlich die Konzentration auf sämtliche Details, kann sich bei zunehmendem Erfolg als Bumerang erweisen. Wenn Sie feststellen, dass Ihre eigenen Entscheidungen und die Art, wie Sie Ihr Team führen, dem Betrieb schaden, das heißt, die Firma sich nicht vergrößern kann, ist es Zeit, Kontrolle abzugeben. Fehlt Ihnen dazu das Vertrauen in Ihre Mitarbeiter, ist es an Ihnen, Zeit in Ihre besten Leute zu investieren, bevor Sie ihnen Entscheidungsfreiheiten zugestehen.

Anderen über die Schultern blicken In wirtschaftlich schwierigen Zeiten kann man die ganz großen Ideen und Innovationen nicht verwirklichen. Es geht darum, kleine Ziele voranzutreiben und in kostengünstigen Experimenten zu testen, ob die Kunden ein neues Angebot auch nutzen. Nicht jede Topidee muss zudem ein firmeninterner Geistesblitz sein oder das Resultat kostspieliger Marketinguntersuchungen. Die guten Ideen der Konkurrenz zu analysieren, ist erlaubt, sie für die eigenen Zwecke zu adaptieren, ebenfalls.

Billige Werbung Finden Sie die größten Fans Ihres Betriebs, Ihres Produkts oder Ihrer Dienstleistung, und ermuntern Sie diese, ihre Begeisterung auch öffentlich kundzutun: Youtube-Videos, Blog-Spots oder Facebook-Gruppen eignen sich perfekt.

Hinterfragen Dienstleistungen, die gestrichen oder durch neue Technologien ersetzt werden, ermöglichen dem Konzern Einsparungen, verärgern aber nicht selten die Kunden. Beispiel: Das Flughafenpersonal wird beim Einchecken durch Automaten ersetzt – die leider oft nicht funktionieren. Solche Entscheidungen müssen immer aus Sicht der Kunden gefällt werden. Was bringt ihnen die geplante Neuerung?

Reklamationen ernst nehmen Versuchen Sie einer Kundenbeschwerde auf den Grund zu gehen. Wo ist die Wurzel des Ärgernisses? Schlagen Sie immer eine konkrete Lösung vor. Ist der Kunde sehr verärgert, zeigen Sie auch Mitgefühl und Verständnis für Anliegen, die Sie nur schwer nachvollziehen können.

Effektive Sprache Präsentationen müssen in einer Sprache verfasst sein, die dem Gegenüber vertraut ist. Anstatt von eigenen Werten, Vorstellungen und Zielen zu sprechen, soll der Fokus auf den Bedürfnissen und Vorstellungen der Kunden liegen. Die Erwähnung von statistischem Material ist übrigens oft eine Zumutung für die Zuhörer, die sich selten für Zahlen interessieren. Die Technik der empfängerorientierten Kommunikation kann übrigens erlernt werden.

Krisenvorbereitung Wer sich rechtzeitig, das heißt in guten Zeiten, einen Freundeskreis zulegt, dem Menschen aus allen Berufsgattungen und Milieus angehören, kann in schlechten Zeiten auf ihren Rat und ihre Unterstützung zählen.

Dank

Ich danke meiner Sylvia für ihr Verständnis und ihre stetige Rückendeckung während der letzten dreiundzwanzig Jahre. Sandro und Jessi für ihre Leuchtkraft und Inspiration; es ist ein Traum, und es macht mich stolz, für solche Kinder der Vater sein zu dürfen. Meinen sehr guten Freunden, speziell Jürgen und Stephan, die mich so annehmen, wie ich bin, und die verstehen, dass ich mein Leben so führen muss, wie ich es tue, und Tobias, der immer fand, ein Buch wäre durchaus möglich. Ich empfinde Dankbarkeit für die von mir leider viel zu spät realisierte menschliche Größe meines Vaters und für all die vielen Werte, die mir meine Mutter mitgegeben hat. Einen speziellen Dank empfinde ich für die außergewöhnlich herzliche Zusammenarbeit mit der Ghostwriterin Franziska K. Müller. Praktisch eine Seelenverwandte (sind wir es vielleicht?), war sie mir vom ersten Moment an sympathisch, und es sprang sofort ein guter Funke. Auch als herzlich darf ich die Erfahrung mit Gabriella Baumann-von Arx bezeichnen, ich kann mir keine bessere Verlegerin vorstellen. Danken möchte ich auch allen meinen Kritikern. Dank ihnen arbeite ich intensiv an meiner Entwicklung und Reife, sie halten mir den Spiegel der Verbesserung vor. Zum Schluss möchte ich allen »guten Geistern« danken, die sich meiner annehmen und die mich »wirken« lassen. Und noch etwas möchte ich anfügen: einen Dank an die Leserschaft. Ich hoffe inständig, dass Sie, liebe Leserin, lieber Leser, Inspiration gefunden und Stoff zum Nachdenken erhalten haben.

Nachwort

Der Schnee liegt meterhoch, als wir uns zum ersten Mal begegnen. Ernst Wyrsch trägt massive Schuhe mit groben Gummisohlen. Über die Episode, als Hans Escher, Concierge des »Belvédère«, dem Generaldirektor das Leben retten musste, weil dieser mit seinen eleganten Lederslippern über die vereiste Treppe vor dem Eingang flog, kann der ehemalige Unterländer nur noch lachen. Die vergangenen fünfzehn Jahre machten aus ihm, der im aargauischen Dottikon im Landgasthof seiner Eltern aufgewachsen ist, sich als Zugvogel verstand, zusammen mit seiner Frau Sylvia einst nach Amerika auswandern wollte – einen Davoser. Das Grandhotel Belvédère sei in doppelter Hinsicht Schicksal gewesen, für sein vergangenes Leben genauso wie für sein heutiges, sagt Ernst Wyrsch während der langen Gespräche, die wir in seinem Haus in Davos Wolfgang führen. Ruhig ist es im modernen Chalet. Es ist eine Ruhe, die ihm gefällt. Die Ruhe nach dem Sturm.

Ernst Wyrsch kannte ich bis zu diesem Zeitpunkt nur aus den Zeitungen. Wann immer sich das Weltwirtschaftsforum (WEF) näherte, ließ man den umtriebigen »Spitzenhotelier« und »Mister Belvédère«, wie der heute Einundfünfzigjährige damals in der Presse genannt wurde, zu Wort kommen. Selbstbewusst und energetisch präsentierte er sich und seine hundertzwanzig Mitarbeiter, die den opulenten Kosmos der Reichen, Schönen und Mächtigen bedienten und zu einer phänomenalen Größe anwachsen ließen. Mit übermütigen Aktionen und seinem unbestrittenen Talent für die Leichtigkeiten des Lebens wurde er zu einer Identifikationsfigur eines bisweilen kapriziösen Umfelds, in dem Champagnerflaschen und Egos im XXL-Format kursieren. Auch er wurde umschwärmt. Beneidet. Bewundert. All das habe ihm viel bedeutet, sagt er rückblickend, »doch jetzt nicht mehr«.

In den folgenden Monaten sehe ich ihn in unbändige Freude ausbrechen, als ein Reh durch das Küchenfenster blickt, ich erlebe, wie er seine Freunde bewirtet, ehemalige Mitarbeiter aus dem Hotel, die den besten Exchef der Welt loben, ich bekomme mit, wie er in seiner neuen Rolle als Glückscoach vor fünfhundert Teilnehmern zur Hochform aufläuft und wie er seinen Kindern – etwas unbeholfen – Schnitzelbrote zubereitet. Und was anfänglich wie ein einstudierter Satz wirkte, erhielt mit der Zeit Glaubwürdigkeit – ausgesprochen von einem, der nach fünfzehn Jahren Hedonismus zu einer ebenso simplen wie großen Einsicht gelangte: von vielem weniger zu wollen. Weniger von Geld, Ruhm, Macht. Keine Lebenskrise und kein Guru, sondern ein schillernder Hotelbetrieb trug zur Einsicht bei, dass auch ein gutes Leben wandelbar sein kann und heute anderen Kriterien folgen darf als gestern.

Es braucht Mut, sich auf dem Gipfel des Erfolgs zu verabschieden, um erneut kleine Brötchen zu backen. Aber Furcht ist definitiv kein Gefühl, dem sich Ernst Wyrsch verbunden fühlt, und ebenso konsequent und selbstbewusst, wie er einst das unbeschwerte Sein einforderte, feilt er nun an einem eigentlichen und sehr privaten Fünf-Sterne-Leben. Es soll – ganz unbescheiden – Sinn und innere Erfüllung bringen.

Franziska K. Müller, Juli 2012

Quellennachweise

Roland Köhler (2000). Eine Reise durch Zeit und Raum. Die Chronik eines Grandhotels. Eigenverlag/Nussloch.

Ernst Halter (Hrsg.) (1994). Davos – Profil eines Phänomens. Zürich: Offizin.
Kapitel: Die Engländer in Davos (Marguerite Sigrist), Ein Ort auf den Spuren seiner kulturellen Vergangenheit (Bruno Gerber).

Christoph Graf (2003). Die Gipfelstürmer. HC Davos (Hrsg.).

Martin E. P. Seligman (1991). Learned Optimism: How to Change Your Mind and Your Life. New York: Knopf.

Martin E. P. Seligman (2002). Authentic Happiness: Using the New Positive Psychology to Realize Your Potential for Lasting Fulfillment. New York: Free Press.

Abraham Maslow (1943). A Theory of Human Motivation. Originally published in Psychological Review, 50, 370–396.

Mario Alonso Puig (2010). Reinventarse. Barcelona: Plataforma Editorial.

Steven Reiss (2000). Who Am I? The 16 Basic desires that motivate our actions and define our personalities. New York: Penguin Putman Inc.

Philip Mirvis / Louis Gunning (2006). »Creating a Community of Leaders«. Organizational Dynamics, Vol. 35, No. 1.

Frederick Herzberg (1968). »One More Time: How Do You Motivate Employees?« Harvard Business Review.

Internet

www.gluecksakademie.ch
www.sciencedaily.com
www.harvardbusinessreview.com
www.google.ch
www.psychotipps.com

Die Wörterseh-Bestseller

Der Punkt auf den einzelnen Büchern steht für den höchsten Rang, den der entsprechende Titel auf der Schweizer Bestseller-Liste erreicht hat.

Erinnerungen I

Barbara Bosshard
Verborgene Liebe
Die Geschichte von Röbi und Ernst
Mit einem Vorwort von Klaus Wowereit,
Regierender Bürgermeister von Berlin

239 Seiten
gebunden mit Schutzumschlag
mit zahlreichen Fotos
13,5 x 21,2 cm
Print ISBN 978-3-03763-027-3
E-Book ISBN 978-3-03763-534-6
www.woerterseh.ch

Röbi Rapp und Ernst Ostertag, beide 1930 geboren, erzählen von einem Leben, in welchem sie alles, was sie öffentlich als Homosexuelle hätte erkennbar machen können, tunlichst unterlassen mussten. Jung verliebt, sie waren beide 26, konnten sie ihre Zuneigung über Jahrzehnte nur im Verborgenen leben.

»Wir müssen noch mehr Menschen klarmachen: Der Kampf gegen Diskriminierung und für gleiche Bürgerrechte ist kein Nischenthema. Denn hierbei geht es um die Grundregeln unseres Zusammenlebens. Es geht um die Achtung der Menschenwürde und um die Freiheit, andere anders sein zu lassen. Auch deshalb sind Bücher wie dieses so wichtig.«
Klaus Wowereit in seinem Vorwort

Erinnerungen II

Leonie
Federleicht
Wenn Nichts glücklich macht
Mit einem Vorwort von Remo H. Largo,
Professor für Kinderheilkunde

184 Seiten
gebunden mit Schutzumschlag
13,5 x 21,2 cm
Print ISBN 978-3-03763-025-9
E-Book ISBN 978-3-03763-532-2
www.woerterseh.ch

Leonie weiß nicht, was der Auslöser ihrer Krankheit Magersucht war. Was sie weiß, ist: Sie wollte leicht wie Luft werden. Abheben. Fliegen. Sie weiß auch: Sie hätte mehr als einmal in die tödliche Tiefe stürzen können. Und Leonie weiß: Sie hatte sehr viel Glück und einen engagierten Schutzengel.

»Leonies Buch ist ein sehr ehrliches Buch. Es verspricht dem Leser und der Leserin keine rationale Erklärung für die Magersucht. Aber Leonie lässt uns nachempfinden, was junge magersüchtige Menschen und ihre Familien durchmachen müssen, und das ist nicht nur hilfreich, sondern auch klärend. Ein aufklärendes Buch von einer mutigen jungen Frau.«
Remo H. Largo in seinem Vorwort